シモーヌ・ヴェイユ

工場日記

冨原眞弓訳

みすず書房

JOURNAL D'USINE

by

Simone Weil

First published in *La condition ouvrière*, Gallimard, Paris, 1951

目次

凡例

日付など原文への編者による補足は［ ］、訳者による補足は〔 〕で括る。

【 】はヴェイユによる。

二重取消線はヴェイユによる。

原文の大文字で始まる語は〈 〉で、《 》内の文字は《 》で示す。

イタリック（書名・外国語以外）には傍点を付す。

スモール・キャピタルはゴチック体で示す。

工場就労をめぐって（1934年12月4日―1935年7月29日）

人間はおのれの行為のなんたるかを知るのみならず、あたうならば、**その行為の有用性を把握**し、その行為によって修正された自然をも把握せねばならない。

おのおのが、おのれの労働を**注視に堪えうる対象**たらしめねばならない。

「むごい必然に、心ならずも、力ずくで圧しつぶされて[1]」

工場日記

1　ヴェイユはギリシア語で引用している。ホメロス『イリアス』第6書、死期の迫ったトロイア王子ヘクトールが后アンドロマケーを待ちうける屈辱と隷従を嘆く言葉。ギリシア語原文の女性形「クラテレー」（「力ずくで」の意）だが、ここではなぜか男性形「クラテロス」（文法的には不正確）で引用されている。

［アルストン工場[2]］

第1週［1934年12月4日から8日まで[3]］

1934年12月4日、火曜、初日。

火曜。日中、3時間の仕事。午前の初め、1時間の穴あけ（カツゥ）。午前の終わり、ジャコと1時間の**プレス機**[4]（このとき倉庫係と知りあう）。午後の終わり、45分間、絶縁材《カルトン》の仕上げを手伝い、**取っ手**《クランク》を回す（デュボワと）。

水曜の朝［12月5日］[5]。——午前中、〈仕事待ちの〉中断を挟みつつ、**フライプレス機**[6]で。急がなかったので、疲れもしなかった。伝票《ボン》[7]を〈流す〉。

3時から4時まで、かんたんなプレス、1個0・70パーセント[8]。それでも〈流す〉。

4時45分、**ボタン式の機械**[9]。

木曜の朝［12月6日］。——**ボタン式の機械**、0・56パーセント（本来なら0・72のはず）。午前いっぱいで１１６０個[10]——とても厳しい。

午後。——停電。1時15分から3時まで待つ。3時に退社。

金曜［12月7日］。——直角の部品を**プレス機**（直角をひたすら際立たせる工具）で仕上げる。100個

2　1928年に二社合併によって創立された電気機器製造総合会社。ヴェイユはパリ15区ルクールブ通り363番地の工場で働いた。失業が常態のこの時期、ヴェイユが雇用されたのは、友人ボリス・スヴァーリン（訳註**82**を参照）の知己でアルストン社の初代工場長兼代表取締役、オーギュスト・ドトゥーフの尽力による。ヴェイユは彼を「自由な精神の持ち主、善意の人」と認めつつも、「その善意は自分の工場の労働者たちにまでは及ばなかった」と手厳しい。アルストン工場での就労についての後日の分析は、171—181頁を参照。

3　原文の日付、曜日に誤記がある場合は正確な日付にして訳出した（以下同様）。

4　「カツゥ」はミシェルの通称。「ジャコ」の本名はジャック・ルドン。職制以外の仲間には通称で呼ばれていた。

5　［ ］は原書編者による補い。「工場日記」では曜日の記述はあっても月日の記述はないことが多い。当時のヴェイユにとって、日付以上に曜日に大きな意味があったと思われる。

6　人力の振り子《バランシエ》で貨幣に刻印した18世紀の造幣プレス機に、発動機《モーター》を付けたもの。うっかりしていると釣合いをとる分銅を頭や顔面に食らう危険な作業だった。

7　「伝票に記載の速度で要求された作業量が達成できず」を意味する工場用語。伝票を〈流す〉とその分、賃金が減らされる。

8　「1個0・70パーセント」は1個0・7サンチーム、つまり1000個仕上げて7フラン（700サンチーム）の意。

9　プレス機には「ボタン式」「ペダル式」「手動」「両手操作」などの種類がある。

10　午前中（4時間45分）で仕上げた１１６０個を０・５６パーセントで計算すると6フラン50（1時間1フラン37）となり、翌週に提示された「時間賃率」（訳註**17**を参照）にも達しない。ましてや伝票を〈流さず〉にすむ3フランにはほど遠い。

の**仕損じ（ネジが弛んで**潰れた）。
11時から、**手作業**。やり直さねばならない配線から絶縁材《カルトン》をとりのぞく（固定磁気回路――絶縁材《カルトン》を銅板に交換）。工具は木槌、エアコンプレッサーのホース、鋸《のこ》の刃、フラッシュライト（眼がひどく疲れる）。

土曜［12月8日］[11]。――絶縁材《カルトン》。
〈流さなかった〉**伝票は1枚もなし**。

設備一式をぐるっと見てきたが、精査する時間はなかった。持ち場を離れたと罵倒される。

役つき。
ムーケ[12]。
シャテル。
倉庫係（プロメイラ[13]）。
調整工[14]。
イリオン[15]。

レオン。

カツゥ（ミシェル）。

《ジャコ》（工員にもどった）。

ロベール。

《ビオル》（奥にいる）。

（またはヴ……なんとか）

---

11 最初の7週間は週48時間労働（月—金が7時—11時45分、13時15分—17時15分、土が7時—11時45分）、病気休暇後（第13週）以降は40時間労働（7時—11時45分、13時15分—16時半、土は休み）。

12 作業長ムーケはアルストンの取締役ドトゥーフからヴェイユの面倒をみるよう内々に依頼されていたが、ヴェイユ自身はそのことを退社するまで知らなかった。うちとけない性格でだれにも厳しいが、きまじめで公平な采配をヴェイユも評価していた。

13 工具の在庫を調整・分配する倉庫係プロメイラを、ヴェイユは心情にも知性にも秀でた真の労働者だと考えていた。

14 組立工が機械に必要な工具をあらかじめ組み込み、調整工は作動後の機械の不具合を調整・修理する。特別な技能をもたない未熟練工より「格上」の扱いをされており、工員や女工を見下す者も多かった。

15 イリオンは1958年のインタヴューでこう答えている。「ひょろっと小柄で、穏やかな大きな眼をして、とても丈夫とはいえなかったなあ。けっこうきつくて疲れるこの種の仕事にはぜんぜん向いてなかったね」「工場で働く気になったのはなぜかってのは、とうとう話してくれなかった（……）工場と呼ばれる現代の流刑地で生きぬくための条件とやらをもっとよく知りたくて選びとった使命だったらしいが」「ひとつだけ文句をいいたいのは、内気かほかの理由かは知らんが、おれたちにほんとうのことを打ち明けてくれなかったことだね。そうしておいてくれたら、おれたちも彼女が使命をはたせるように助けることができただろうに。うちの作業助手が、彼女は哲学教授資格者《アグレジェ》なんだってよ、と吹聴していたが、なにせやつはほら吹きでね、だから、おれはそんなこと信じなかったのさ」

《……》（溶鉱炉）。


男子工員。

ヴァイオリン弾き。

うぬぼれやの金髪の男。

眼鏡をかけた初老の男（『自動車《オート》』〔絵入り新聞の草分け的大衆スポーツ紙〕を読んでいる）。

溶鉱炉係の歌う男。

眼鏡をかけた穴あけ工（「じゃ、みてみよう」……とても親切）。

木槌の若者（飲む―ひとり者）。

その相棒。

わたしの《許婚《フィアンセ》》。

その兄弟《ダチ》（?）。

金髪の若いイタリア人。

溶接工。

鋳物工《ボイラー》。


女工。

フォレスティエ夫人[16]。
ミミ。
トルストイ崇拝者（ウジェニー）。
平鋼《バー》の相棒（ルイゼット）。
ミミの妹。
猫《シャ》。
軍需工場の金髪の女。
赤毛の女（ジョゼフィヌ）。

離婚した女。
火傷した子どもの母親。
プチ・パンをくれた女。

16　戦後、ジャコとフォレスティエ夫人に会ったシモーヌ・ペトルマンの報告によると、ヴェイユはフォレスティエ夫人といっしょに工場を出て買物に行ったりしたが、自分はなにも買わなかった。ウジェーヌ・フルーレによる証言では「実習生かなにかで、あたしたちを研究する気なんだと思っていたよ。だって、経営陣のスパイかもしれないしね」「だけど作業長は、彼女にもほかのひととおなじように厳しく接していたし、彼女が1週間ほどして、死ぬほどがんばってやっと調子《テンポ》に追いついたのをみて、あたしたちをチクるために来たんじゃないとわかったのさ。だけど、だれも夢にも思わなかったよ、まさか哲学の教授《せんせい》だったなんてのはねえ」

イタリア人の女。
デュボワ。

第2週［1934年12月10日から15日まで］

月曜［12月10日］
火曜［12月11日］
水曜［12月12日］
　絶縁材《カルトン》**をとりのぞく。**

［月曜］。――10時、人事課長がわたしを呼びつけ、時間賃率は2フラン（実質は1フラン80に削減）だといった[17]。
火曜。――ひどい頭痛[18]。仕事はのろのろ、出来もよくない。
（水曜、仕事はすばやく、出来もよくなった。木槌をきちんと強く打った――だが、眼に激痛）。
木曜［12月13日］。――10時から（もっと前から？）2時くらいまで、~~木槌で~~――大型フライプレス機で**歪み取り**。完了したのに、作業長《シェフ・ダトリエ》の命令で、仕事をやり直す。**つらくて**危険なやり直し。――午後、4時まで〔仕事待ちの〕中断。

4時から5時15分まで。

＊この行から翌日の記録「プレス——座金……」まで連結括弧〔括弧はプレス作業が木曜夕方から金曜にかけて継続的におこなわれたことを示すのか〕

金曜［12月14日］。

やり直しの命令は正当か、それとも新入りいじめか。いずれにせよムーケは、わたしに疲労と危険をともなう方法でのやり直しを命じた（重い釣り合い錘《カウンターウェイト》を頭にがつんと食らわぬように、そのつど身をかがめねばならない）。隣人たちの口にはだされぬ憐憫と憤慨。わたしは自分に怒りくるい（理由もなく、なぜなら、もっと強く打てと、だれかにいわれたわけではないのだから）、自分を守ろうとしてもむだだという愚かしい感情をもった。それでも事故はなかった。調整工（レオン）がひどく苛々している。たぶんムーケにたいして。だが表にはださない。

17　「時間賃率」は一種の最低保証賃金で、労働者の熟練度や資格により個別に決められる。新米女工のヴェイユは1時間2フランと決められていたが、作業効率が悪かったので、制度上の最低賃金ではなく実質1フラン80（他の女工の相場である2フラン40フランにかなり劣る）で算定された。

18　「あるとき坐りこむ彼女をみかけた（……）えらく頭が痛むようで片手を額に当てていた」（ジャコの証言）。労働組合運動の同志ユルバン・テヴノンへのヴェイユの手紙には「数か月もたえまなくつづく烈しい頭痛」への言及がある。

11時45分に、〔溶鉱炉の〕点検窓……。

プレス——座金。工具で穴をあけ、⊖の形を作る。終日、働く。伝票を〈流さず〉。**発条《バネ》が壊れて、**再装着する必要があったのに。はじめて終日おなじ機械で働く。ぐったり疲れる、速度はいまひとつだったが。わたしの後ろに並んだ女工が指摘し、わたしが要求して、計算ミスが訂正された（やった《シック》！）」

土曜〔12月15日〕。——1時間、位置が低すぎて見えない止め金具に真鍮の棒を押しつけ、穴をあける。おかげで6本か7本を仕損じた（なにかというと罵声をあびせる調整工のレオンによれば、一度も働いた経験のない新米女工が、昨日、首尾よくこなした仕事らしい）。伝票を〈流す〉——ただし仕損じた部品の叱責はなし、数は合ったから。

45分間、レオンと、真鍮の小さな平鋼《バー》を切り出す。たやすい。失策《へま》はせず。

〔仕事待ちの〕中断、機械の清掃。

〈流さなかった〉1枚の伝票（25フラン50相当の伝票）。

首になった女工——結核で——は、何度も、何百個も仕損じた（精確には何個？）。一度、ひどく体調を崩すまえに。けれど体調を理由に許された。今回は500個も。ただし夜間の組（2時半から10時半まで）で、（ほとんどなにも照らさぬも同然の）携帯ランプのほかは、灯がすべて消えていた。厄介な事態だ。自動的に組立工（ジャコ）の責任が問われるから。わたしといっしょにいた女工たち（猫《シャ》とその他、――トルストイ崇拝者も？　作業は中断）はジャコに味方した。そのひとりの言葉。「もっとちゃんとやらんとね、**生活が掛かってるときはさ**」

この女工は例の注文票を拒否していたようだ（おそらく手間のわりに払いがよくないので）。いわゆる《難儀な仕事》ってやつだ。作業長《シェフ・ダトリエ》は彼女にいっていた。「明日の朝もこれができなければ……」。みんなは彼女がわざと仕損じたのだと思ったらしい。女工のだれからも同情の言葉はなかった。とはいえ彼女らも、骨のおれる仕事をまえにしたときのむかつきを知っている。くたくたになるまで働いても2フランかそれ以下、そのくせ伝票を〈流す〉とどんなに口汚く罵倒されるかを承知のうえの、そんな仕事――病気のせいでむかつきも倍増したにちがいない。女工たちに同情がみられないのは、だれかが「いやな」仕事を免れても、代わりのだれかがやらされるだけ……という事情で説明がつく。ある女工（フォレスティエ夫人？）いわく、「口答えすべきじゃなかった……生活が掛かってるときはさ、やるべきことをきちっとやるしかない……（これを彼女は何度もくり返した）……副所長にうったえりゃよかったのさ、こんなふうに。わたしが悪うございました、ええ、でも、わたしだけのせいじゃないんです、なにせ、暗くてよく見えないもんで、とか。もう二度とやりませんから、とかさ」

「生活が掛かってるときはさ」。既婚の女工のなかには、生活のためではなく、ささやかな贅沢のために働く者がいる。この表現が部分的に由来する事実（フォレスティエ夫人にも夫がいる、失業中だが）。女工といっても境遇はさまざまだ……。

賃金体系。3フランを下回る伝票を〈流す〉。2週間後に、内輪で〈ムーケ、計時係《クロノ》[19]〉〈流れた〉伝票に適当な値をつける――ときに4フラン――ときに3フラン――ときに時間賃率（他の人だと2フラン40）。ことによると、手当《ボーナス》から時間賃率との差額をさっぴかれて、じっさいに仕上げた金額分しか支払われない。[20] 自分がこの手の不正の犠牲になっていると思う女工は、不満を申したててもよい。だが屈辱的な結果に終わる。なんの権利もなく、職制《シェフ》の気まぐれにさらされているのだから。職制たちは女工の能力にしたがって決定すべきなのに、たいていは自分の気まぐれにしたがって決定するからだ。

作業と作業のあいだに時間をついやすと、伝票に響く〈流す〉危険が高くなる、とくに微々たる金額の場合）。または賃金から引かれる。かくて2週間で96時間に満たないと算定される。これも管理の一様態。そうでなくとも、じっさいについやされた時間よりも、かならず少なめの時間を記録される。

先取りされた時間の体系。

聞いた話。ムーケのこと。ミミの妹が伝票の金額に不平をいうため、彼に会いにいった。彼は彼女を手荒に追い返した。彼女はぶつぶつ文句をいいつづけた――10分間も――やがて彼のほうからやって来て、「どうしてほしいんだ?」といい、対応してやった。

「わざと伝票を流すやつなどそうはいないだろうよ」

第3週［1934年12月17日から22日まで］

作業。

［12月］**17日**、**月曜**、朝。——**小型フライプレス機**で。午前ずっと、**歪み取り**——疲れる——〈流す〉。

歪み取り。大型フライプレス機でやらかした失態を思いだすと、しっかり強く打っていないのではないかと不安になる。一方、強く打ちすぎてもいけない、たぶん。伝票に記されている達成率《リズム》、わたしには夢のまた夢……

19 計時係《クロノ》が各作業に必要と判断して設定した時間を超えても作業が終わらないと、伝票が〈流れて〉減給の対象になる。時間の設定は作業の難易度などの正当な根拠にもとづくとはかぎらず、恣意的な判断に左右される場合も少なくなかった。

20 手当《ボーナス》が加算されても、仕上げた分が支払われるだけで、そもそも時間賃率の査定よりも低い賃金が支払われている現状を指摘したもの。少人数の職制による「手当委員会」の恣意的な査定で決まるこの手当の存在が賃金計算をますます複雑にし、工員は賃金を手にするまで金額の見当がつかない。ヴェイユが工場日記でしきりに賃金計算をするのは、支払に客観的な一定の法則があるかを探るためだった。

24時間（日曜）は自由な存在だったという感覚、そして隷属的な状況にふたたび身をかがめねばならぬという感覚。嫌悪。たかが56サンチームのために、必死になり、疲れはてる。それも、仕事が遅いとか仕損じたとかで、口汚く罵倒されるのが確実だとわかっていて……。この嫌悪は、両親の家で夕食をとったせいで、ますます強まった――奴隷の感覚――

速度を達成しようとして感じる眩暈《めまい》（なにより、そこに身を投ずるには、疲労や頭痛やむかつきを乗りこえねばならない）。

わたしの横にいるミミ――

ムーケ。余計なことに指〔首〕を突っこむな。「あんたは指で食ってる[21]んじゃない……」

午前の終わり、ロベールの重プレス機で平鋼《バー》から座金を作る。

午後――**プレス**。ひどく配置しにくい部品、0・56パーセント（2時半から5時15分まで600個。機械をふたたび動かすのに30分。装置のなかに部品を1個落として、機械の調子が変になる）。疲れて、吐きそうだ。

〔12月〕**18日、火曜**。――おなじ部品。7時から8時45分まで500個、**すべて仕損じ**。

9時から5時まで、ふたり組で働く。時給。長さ3メートル、重量30から50キロの鉄製棒。ひどく難儀、苛々はしない。筋肉の努力にはある種の歓び……だが夕方にはへとへと。周囲から憐憫のまなざし、とくにロベールから。

倉庫係の助言、啓発的。脚だけで機械のペダルをふむこと、全身をかけるのではなく。帯板を一方の手で押し、もう一方の手でこれを支える、おなじ手で引っぱり、支えるのではなく。労働と陸上競技の関係。

［12月］**19日**、**水曜**。――7時から11時まで〈仕事待ちの〉中断。11時から5時まで、ロベールといっしょに、**重プレス機を使って**、平鋼《バー》から**座金を作る**。伝票を〈流す〉（1時間2フラン、1000個の座金）。（ひどく烈しい頭痛、ほとんどずっと泣きながら仕事を終えた。帰宅後も、はてしなく嗚咽がこみあげた。それでも失態はせず、3個か4個を仕損じたほかは）。

［12月］**20日**、**木曜**。**21日**、**金曜**。――鉄鋲《リヴェット》の下穴をあけるための軽プレス――0・62パーセント――1時間2フラン40（もっと上回るか）。

（班長のご丁寧な注意。こいつを仕損じたら、あんたを叩きだすぞ）。3000個――18フラン60稼ぐ。それでも伝票を〈流す〉。最小限の3フラン。[22] 失態はせず。ただし、むやみに慎重になって速度が落ちた。

21　「mettre les doigts」（字義どおりには「指を置く」）。「自分に関係のないことに首を突っこむ」の意。

22　時給3フランは伝票を〈流さなかった〉ときのいわば基本給で、ヴェイユは最低でもこの達成率を維持しようと苦闘した。3000個を0・62パーセントで仕上げると18フラン60、6時間余の労働に換算するとおよそ3フランとなる。

わたしが2個を仕損じたのをみて、ロベールはかなり険しい顔をした。

鉄鋲《リヴェット》打ち、組み立て作業。唯一の困難、すなわち順序だてて作業すること。たとえば2個を仕損じたのは、気が散っていて、すべてを組み立てるまえに鉄鋲《リヴェット》を打ったからだ。

木曜。支払は241フラン60。

〔12月〕**22日、土曜**。イリオンと鉄鋲《リヴェット》打ち。けっこう愉しい仕事——1個0・028〔パーセント〕。**伝票を〈流さず〉**。必死で仕事をした結果だ。たゆまぬ努力——ある種の歓びがなくはない、首尾よくいったので。

予測される支払は、1フラン80×48時間で、合計86フラン25。手当《ボーナス》は、火曜は1時間4フランで働き、17フラン60。水曜は1フラン20。木曜と金曜は0・6フラン×（約）15時間で、合計9フラン。土曜は1フラン20×3・5時間で、合計4フラン20。だから、86フラン25＋32フラン40で、合計118フラン65。ここから、おそらく、500個の仕損じに相当する分が引かれる。

じっさいには36フラン75の手当《ボーナス》（ただし45分、つまり1フラン20減額）を得た。思っていたより4フラン35多かった。[23] 伝票が修正されたのだろう——おそらく月曜の朝の歪み取りの分が。

伝票を〈流さず〉（12フラン）。

第4週［1934年12月24日から29日まで］

休暇（待降節の週と新年）。

風邪をひく――週のあいだずっと熱がでる（たいしたことはない）。頭痛はひどい。祝日が終わり、仕事を再開する日がきても、まだ風邪が抜けない。なにより疲労でくたくた。

クリスマスの日に出会った若い失業者……

第5週［1935年1月2日から5日まで］

［1935年1月］2日、**水曜**[24]。7時15分から8時45分まで、ロベールといっしょに、大型プレス機で、**長い金属の帯板から切り出し**。677個を0・319パーセントで。記録は1時間10分。最初のうち、機械の油切れで不具合をきたす。帯板の切断はむずかしい。帯板を引きよせること。しょっちゅう部品を引

---

23 1週間分の賃金を、基本給である時間賃率1フラン80に1週間分の48時間を掛け、手当《ボーナス》を予想して加えている。個々の伝票には賃金の詳細は記されていないので、どこで減額または増額されたのか判断がむずかしい。

24 1月2日水曜から11日まで、手稿原稿の余白にｃ（coule 流す）、ｎｃ（non coule 流さず）と記載。

きさげすぎてしまった。稼ぎは1フラン85。時間賃率にしたがえば、2フラン10は支払われるべきなのに。**0・25フランの差額**[25]。

8時50分から11時45分まで、~~小型取っ手で、~~小型フライプレス機（名称は？）で、〔導管と導管を〕**連結するための穴あけ**。最初はのろのろ。機械を深く入れすぎ、部品を長く置きすぎ、——それに、わき見もした。830個を0・84パーセントで。稼ぎは7フラン。伝票を〈流す〉。あと一歩のところだったのに。実質は2フラン30だが、記録は2フラン80。午前の1時間〔の遅れ〕を挽回せねば[26]。

1時15分から2時半まで〔仕事待ちの〕中断〔記録されたのは1時間のみ〕。

2時半から4時まで、**プレス**。午前中に切り出した**部品を曲げる**。600個を0・54パーセントで。つまり稼ぎは3フラン24。記録は1時間20分〈流さなかった〉場合よりも15分上回る[27]。

4時半から5時15分。**溶鉱炉**。非常につらい仕事。堪えがたい熱さだけでなく、手や腕を舐めるほどに燃えさかる焔のせいで。反射的な動きを抑えて慣れねばならない。さもないと仕損じる……（1個仕損じた！）

500個を仕上げ（残りは木曜の朝に）、100個4フラン80の支払。つまり合計で24フラン。これで8時間が自由になる。

加えて、この1日で、3時間40分＋1時間15分＋1時間20分で6時間15分となる。[28] 2時間45分〔の遅れ〕を挽回せねばならない。これを計算に入れる。明日は、3時間30分、せいぜい4時間しか仕事をするまい……。

〔余白に〕助けてもらったときに感じた心からの感謝（わたしに鉤《かぎ》で調風鉄板を下げるやりかたを教えてくれた若者——力つきて自在に動けなくなったわたしのために、調風鉄板を下げてくれた感じのいい鋳物工《ボイラー》……）、それ

25 677個を0・319パーセントで仕上げると、1フラン85ではなく2フラン16となる。ヴェイユの時間賃率は1フラン80が保証されているとすると、1時間10分では2フラン10に届かなければならないが、支払いはそれより0・25フラン少ない1フラン85だった。

26 830個を0・84パーセントで仕上げると7フランだが、2時間55分（8時50分—11時45分）の労働を時給に換算すると、2フラン30ではなく2フラン40になる。ただ、ヴェイユが作業時間を実際より30分ほど短く記載したので、2フラン80の時給になっていると思われる。前回の作業でも20分ほど短く記載して、記録上は実働より50分近く少ない労働時間になっている。かくて「午前の1時間〔の遅れ〕を挽回せねば」となる。

27 3フラン24の伝票を〈流さない〉ためには1時間20分ではなく1時間5分で完了せねばならなかった。

28 ヴェイユは「加えて、この1日で、3時間40分＋1時間15分＋1時間20分＋6時間15分」と書いている。合計12時間半の労働時間となり、意味をなさない。ゆえに、合計6時間15分（数字は合う）と訳した。さらにあとで削除された以下の註記。「昨日の分として2時間30分記録すべきだった——まだ4時間残っている。——つまり挽回せねばならない」

から、わたしが火傷をしたときの溶接工の悲しげなほほ笑み。[29]

溶鉱炉。最初の夕方、5時ごろ、火傷の痛みと疲労と頭痛のせいで、完全に動きの自由を失った。溶鉱炉の調風鉄板を下げるのもままならない。鋳物工《ボイラー》が駆けよって、調風鉄板を下げてくれた。こういうのが、どんなにありがたいことか。わたしに溶鉱炉への火の入れかたを教えてくれた若者が、どうすればはるかに楽に、鉄鉤を使って調風鉄板を下げられるかを、やってみせてくれたときも。逆に、ムーケから、部品をあんたの右側に置けば、溶鉱炉のまえをそんなにしょっちゅう横切らなくていいのに、と示唆されたときは、自分でそれに思いいたらなかったことが悔しかった。火傷をするたびに、溶接工が同情のこもったほほ笑みを投げかけてくれた。

3枚の伝票を〈流さず〉（溶鉱炉が2枚と鉄鋲《リヴェット》打ちが1枚）。24フラン60＋9フラン20＋29フラン40で、合計63フラン20になる。

水曜、シトロエン社にかんする、社会主義者と共産主義者の第15地区集会に行く。内々の集まり。シトロエン社の労働者はいないようだ。[30]

この件について、工場での反応は薄い。ふたりの女工の会話。「たまには《煽られ》もするわよ、だってひどい話じゃない」。それだけ。倉庫係いわく「そんなものさ……」

溶鉱炉で、ひとりの工員が、作業机の上に昨晩の集会で配布されたチラシを置いていた。

［1月］ **3日、木曜。**——穴あけで日中をすごす。7時から9時15分まで、**溶鉱炉**で。昨日よりずっとつらくない。めざめからつづく烈しい頭痛にもかかわらず。焔にあまり身をさらさずに、しかもそれほど仕損じずにすませるすべを学んだ。だが、ひどくきつい。数メートルそばで、木槌を打ちおろす音が頭にがんがんひびく。

溶鉱炉で24フラン60稼ぐ。記録は6時間。実質は3時間（よって1時間8フラン20）。

9時15分から11時15分（11時半？）まで、**鉄鋲《リヴェット》打ち**、これは愉しい。穴のあいた金属薄板の束に鉄鋲《リヴェット》を打って通す。だが伝票はなすすべもなく〈流す〉。

記録は何時間か。1時間15分（1時間30分、または1時間45分）くらいか。いずれにせよ、わたしの

29 「溶鉱炉。最初の夕方［……］同情のほほ笑み」⇕「堪えがたい熱さ」との記載あり。

30 「フランスのフォード社たるべく」大量生産をめざすシトロエン社の自動車工場はパリ15区のセーヌ沿いのジャヴェル河岸（現在はアンドレ・シトロエン河岸）にあった。1934年6月にフランス共産党が「社会ファシズム論」（スターリンの「社会民主主義とファシズムは双生児」発言により強化）を放棄し、翌月、フランス社会民主党とフランス共産党の共闘が確認される。トロツキーは社会ファシズム論を批判したがドイツ共産党は聞く耳をもたず、1933年、台頭するナチスにより解体。これを教訓に、人民戦線躍進の機運に乗って1936年にCGT（フランス社会民主党系の労働総同盟）とCGTU（フランス共産党系の統一労働総同盟）が再統合、ヴェイユが集会にでかけた時期はこの再統合への動きが活性化していた。

31 「煽られ」と訳した「revolutionne」は「革命化する」の意もあるので、「たまには革命気分もいいけどね」とも訳せる。

時間賃率を下回る（**おそらく1時間の差額**）。

11時半から3時まで。ロシア食堂で昼食。**鉄鋲**《リヴェット》**打ち**は愉しくてたやすい。400個を0・023パーセント、つまり9フラン20だ。記録は2時間30分（1時間3フラン70）。（1時15分に仕事を再開、堪えがたい頭痛に苦しみ、**鉄鋲**《リヴェット》を打つまえに部品を裏がえしてしまい、5個を仕損じる。さいわい、穴あけ担当の若い班長が見回りにきた……）。

1時間3フランを上回る仕事をする。

3時15分から5時15分まで、**溶鉱炉**。昨日の夕方と午前にくらべると、はるかにつらくない。300個を仕上げた（7フラン35の達成率《リズム》）。

［1月］**4日、金曜**。――7時から8時半まで、大型プレス機で、**~~金属の~~**真鍮の**帯板の型抜き**。どうなるか予測がつくので、時間を余分にとっておく。いやになるほど謎めいたできごとについて熟考する。真鍮の帯板から型抜きした最後の部品がV字に抉《えぐ》れた。抉れて落ちた部品は7番めのものだ。調整工（ロベール）は難なく説明する。いつも6個は抜型《マトリス》のなかに残るからさ、と。記録は1時間15分――578個を0・224パーセントで。稼ぎはたったの1フラン30！　**時間賃率との差額は0・93フラン**[32]。
8時45分から1時半まで（立って）、**研磨**。ささやかな作業、記録は10分、ついで300個を0・023

パーセントで。稼ぎは6フラン90。記録は2時間45分（または2時間30分？）で、1時間2フラン40（または2フラン70）。研磨ベルトでの仕事、こまやかな作業。操作はゆっくりで、しかも、いかにも下手くそ（まだコツがつかめない）。それでも部品の仕損じはなし。だがムーケはわたしの操作を中断させ、残りの200個をべつの女工にやらせた。

1時半から3時5分まで（立って）、**奥にいる調整工（ビオル？）といっしょに**。**大型部品**。押しこみながら配置する。可動棒《バー》で締める。ペダルをふむ。棒《バー》を弛める。レバーを叩き、部品をとりはずす。部品を力まかせに引きぬく……。1フラン（パーセント）〔100個仕上げて1フラン〕のために！ 記録は1時間25分。――244個。稼ぎは2フラン44。調整工は荒っぽいが、人柄はやさしい。まえにも彼が金属板の型抜きをするのを、わくわくしながら手伝った。伝票を〈流す〉。しかも計時係《クロノ》のミスのせいで。**時間賃率との差額は０・２５フラン**[33]

3時15分から4時50分まで（おおよそ）、**金属板で缶を作る**。油を塗り、心棒に巻きつけ、打つ。工

---

32 1時間30分（7時―8時半）で1フラン30（時給0・87フラン）なら、ヴェイユの時間賃率1フラン80との差額は0・93フラン。

33 1時間35分（1時半―3時5分）かけて、100個で1フランの部品を244個仕上げて2フラン44。時給換算で1フラン54となり、時間賃率よりも0・26フラン（0・25と表記）不足。

具が形を作る。しかるべき側を溶接する。終日そして昨日も立ち仕事で、へとへと。動作はのろのろ。この缶は鋳物《ボイラー》班の仲間で溶接して作った、と思うとうれしくてたまらない。この仕事のあいだ、病気の女工を支援する募金《カンパ》。1フランだす。記録は1時間15分。稼ぎは？　137個を0・92パーセントで――稼ぎは約1フラン30。だが、班長はなにもいわない。**時間賃率との差額は0・90フラン**[34]。

［1月］**5日、土曜**。――7時から10時まで、**溶鉱炉**。あまりつらくない。頭痛はなく、300個をのんびりと仕上げる。600個で29フラン40稼ぐ。記録は7時間45分。4フラン90達成率《リズム》〔100個で4フラン90〕で働いた。

10時から11時まで絶縁材《カルトン》、（その後もつづける）。たやすい。やらかしそうな唯一の失態は、詰めこみすぎ。なのに、みごとにやらかした！　レオンに罵倒される。50サンチーム、0・50パーセント。425個仕上げる。稼ぎは2フラン12。記録は45分。10時の支払は115フラン。手当《ボーナス》は36フラン75[35]。時間賃率との差額合計は、0・25フラン＋1フラン＋0・95フラン＋0・25フラン＋0・90フランで、合計**2フラン50**になる（この程度なら工場はつぶれまい[36]……）。

溶鉱炉。われわれの作業場《アトリエ》のすぐそばにあるが、まったく異なる一隅。職制たちはぜったいに来ない。自由で友愛にみちた雰囲気、卑屈さや狭量さがない。調整工の役をつとめる親切な若者《シック》……溶接工……金髪の若いイタリア人……わたしの《許婚《フィアンセ》》……その兄弟《ダチ》……イタリア人の女……木槌係のがっしりした若者……

歓びのある作業場《アトリエ》をやっとみつけた。班ごとに仕事をする。溶鉱炉。機器類。なかでも木槌。手動の小型機器で曲げて、それから木槌で形をととのえる。だからコツが要る。何度も計算して、測る——缶をいっしょに並べる、等々。ふたり組での仕事、たいてい、いや、ほとんどいつも。

時間	支払
1時間15分	1フラン85
2時間半	7フラン
1時間	1フラン80
1時間15分±15分?	3フラン25

34 1時間35分(3時15分—4時50分)かけて137個を0・92フランで仕上げると1フラン26の稼ぎとなり、時給換算で精確には0・80フランとなり、時間賃率との差額は1フランとなる。きわめて低調な仕事ぶりにもかかわらず「班長はなにもいわない」とヴェイユは驚いている。

35 先週は休職していたので、これは1週間分の賃金。通常、2週間分の賃金が木曜に支払われる。第1回の支払は12月20日の241フラン60。

36 加算すると2フラン50ではなく3フラン35。時間賃率を低く抑える一方で微々たる「手当《ボーナス》」を支給する手法を「この程度なら工場はつぶれまい」と揶揄している。

	……6時間	24フラン60
	1時間半	（？）1フラン30
	2時間半	9フラン20
	1時間15分	1フラン30
	2時間45分	6フラン90
5分	［15分］ 10分	？
5分	1時間半 25分	2フラン45
―	1時間15分	1フラン30
	7時間45分	29フラン40
	45分	2フラン10
	―	―
	31時間［半］20分	92フラン15

（おそらく1時間、いや

30時間30分で時間賃率は

1時間25分、早い?)

1フラン80、すなわち54フラン60。手当《ボーナス》は37フラン55。1時間3フランよりやや上回る。(0・65フラン増[37])。

第6週[1935年1月7日から12日まで]

[1月] **7日、月曜。**——7時から9時半まで、絶縁材《カルトン》。7時から9時半までで865個仕上げた(1時間45分で50サンチーム(0・50パーセント)。1050個仕上げるべきだったのに[38]。その後、大きすぎる絶縁材《カルトン》を切断しにいったので、ブルトネは(実質)30分しか記録してくれなかった。

9時15分、絶縁材《カルトン》の切断におもむく、9時半まで。第1の伝票への記録は30分(よって1時間15分で680個)、つまり3フラン40。1時間2フラン72だ。**伝票を〈流す〉**。第2の伝票への記録は1時間10分。

37 0・65フラン増とあるのは、前回(12月20日)の賃金(96時間で241フラン60)を時給換算すると2フラン52。今回の賃金(30時間30分で92フラン15)を時給換算した数値3フラン02より0・5フラン(ヴェイユの計算では0・65フラン)少ない。

38 記録の「1時間45分」で865個を仕上げる計算で、1050個仕上げれば1時間600個の達成率となり、1個0・50サンチームなので時給3フランに到達した。

700個をやや上回り、〈流さなかった〉。合計すると、1時間10分＋30分＋30分で、**2時間10分**になる。

9時半から10時20分まで、1時間、**時給仕事**（すでに型抜きされた長い帯板の両端を切断する、ブルトネのため）。

10時20分から2時40分まで、プレス機で、大型部品の**歪み取り**（奥には親切《シック》な調整工）。先週の金曜、1時半から3時まで、それらの部品から薄い金属片を型抜きした（べつの女工が作業の合間に金属片を反らせておいた）。0・80パーセント！ 516個を2時間50分で仕上げた。記録は**2時間30分**。稼ぎは4フラン15、つまり公式には1時間1フラン65。2時間30分の時間賃率との差額は**0・37フラン**[39]。

2時45分から5時15分まで、いずれ溶接される小型部品の**卵型へのプレス**。0・90パーセント。たやすい（計時係《クロノ》は大ばかだ！）。1400個仕上げた。よって稼ぎは1400×0・90、すなわち14×90で、12フラン60になる。じっさいの達成率《リズム》は5フラン5！ 記録は30分＋45分＋2時間15分［3枚の注文票］で、合計3時間30分。これだと達成率は3フラン60（この調子でいこう）[40]。

時間の合計は、2時間10分＋1時間＋2時間30分＋3時間30分で、**9時間10分**。つまり**25分の先取り**（1時間25分または1時間50分）。

金額の合計は、3フラン40＋4フラン15＋12フラン60で、20フラン15。これに時給で支払われた1時間30分（4フラン50と6フランのあいだ）を加える。（1時間3フランなら1日で26フラン25になるはず。だが、伝票を〈流した〉歪み取りの分は、1フラン80以上が支払われるべき）。8時間45分で25フランになる。厳密には1時間2フラン88[41]。

伝票は6枚、そのうち4枚を〈流す〉――平均すると2フラン88の達成率《リズム》。たいした揉めごともなくすぎた1日。さほどつらくない。奥にいる無愛想な調整工との、言葉にならない連帯（彼とだけだ）。だれとも話さなかった。さしたる教訓もなし。

39　ヴェイユの計算は精確なのだが、歪み取り作業の達成率は、稼働時間を実働よりも少なめに記録しているにもかかわらず（2時間50分で仕上げたのに2時間30分と記録）、ヴェイユの基本賃率（1時間1フラン80）よりも低い（1時間1フラン65）。ただしヴェイユは「差額」0・37フラン（1フラン80－1フラン65＝0フラン15×2・5時間＝約0・37フラン）が基本賃率にもとづく工場側の「おまけ」だと気づいている。

40　ここでの達成率はかなり優良で、ヴェイユは実働時間（2時間30分）よりも長め（3時間30分）に記録するが、それでも3フラン60に達する。実働より長めに記録して、前回の歪み取りで短めに記録して「損した」時間を「得した」（これを工場日記では「挽回する」と記載）ことになる。

41　この時期の1日の労働時間は8時間45分なので、9時間10分は「25分の先取り」となり、この「先取り」分を他日に消化できる。ただ第2の伝票分の金額（1時間10分で3フラン50）を加算するのを忘れているので、3フラン40＋3フラン50（第2伝票分）＋4フラン15＋0・37フラン（差額）＋12フラン60＋4フラン50（時給支払分）＝28フラン52（時給3フラン26）となり、ヴェイユが記している数値時給2フラン88フランをかなり上回る。

［1月］ **8日、火曜**。

朝、25分＋1時間15分＋2時間30分＋2時間30分＋1時間で、合計**7時間40分**（1時間5分少ない）。

7時半から11時15分まで、**プレス機で1181個を歪み取り**。7時15分に事故。部品が嵌まりこみ、機械装置を止める。調整工（イリオン）の落ちつきと忍耐。25個の仕損じですむ。わたしのせいではない。だが、今後、この機械には要注意。**2時間45分**で5フラン30（0・45）。伝票を〈**流す**〉。機械の修理をしてもらいながら、**1時間15分**、絶縁材《カルトン》を切断する取っ手《クランク》を回しつづけた。取っ手《クランク》を早く上げすぎた女工に、あんたが早く回しすぎるせいだと責められた……注文票515・645。時給仕事。

11時15分から3時40分まで、ロベールといっしょに、**大型プレス機**で、鋳張り〔鋳型の継ぎ跡〕をとりのぞく。たやすい。注文票280・804——記録は**2時間30分**（かろうじて〈**流さず**〉にすんだが、伝票をもらったのは作業の終わり）。ロベールは、以前はそっけない感じだったが、とてもやさしくなり、忍耐づよく、わたしに仕事を理解させようと気を遣う。倉庫係が口をきいてくれたにちがいない。ロベールはほんとに感じ《シック》がいい。調整工の人間的な資質はたいせつだ。

奥の作業場《アトリエ》に移ってから、はるかにうまく工場に適応できている気がする。その作業場《アトリエ》にいないときでさえも。

［1月］**9日、水曜。**

7時から1時半まで、**ボタン式の機械で曲げる**。装置が油不足で焼きつく――部品のひとつひとつに注油――（この件で、班長がいつになくやさしい口調でわたしに話しかけた）――長びく――62パーセント。だが、明細票はあまり関係がない。833個仕上げる――記録では合計で**6時間**。さほどうんざりする仕事ではない。責任を感じるので（焼きつき回避のすべを研究した）。

1時半から3時半まで、**プレス機であけた穴**（職制にやり直しを命じられて歪み取りした部品に似た部品）。初めのうち、止め金具の位置がまずかった。だからといってイリオンは頓着しない――悠々と調整する――細切れに歌いながら。わたしは正確を期すためにゆっくりと仕事をする（止め金具に当たらないのではと心配だった）。時間はどうか――1時間15分――〈**流す**〉。

3時45分から5時15分まで、**レオン**と**鉄鋲打ち**《リヴェット》、**ボンネット**に。たやすい。座金をしっかり当てがう配慮をすればよい（上部に皿穴）。期待どおりの達成率《リズム》――つまりぶっつづけ――で働いた。ただし初めはのろのろ（今後は気をつけるべき）。

穴あけ作業をしていた女工が機械に髪を巻きこまれて、一房ごっそり抜けた。ヘアネットをかぶっていたのに。頭に大きな剥きだしの地肌がみえる。午前の終わりに起こった。それでも彼女は午後の仕事にもどってきた。ずいぶん痛い思いをしたし、まだ恐怖から立ちなおってもいなかったのに。

今週は、**ものすごく**寒い。工場の各作業場《アトリエ》により、室温に大きな差がある。機械のそばにいると凍えきって、あきらかに仕事が遅くなる作業場《アトリエ》がある。熱風口のまえに、場合によっては溶鉱炉のまえに置かれた機械を操作することもあれば、すきま風に吹きさらされた機械を操作することもある。更衣室に暖房はない。手を洗い、服を着替える5分で、芯から凍える。女工仲間のひとりは慢性気管支炎にかかり、2日ごとに〔血行をよくする〕吸角療法をうけねばならない……

〔1月〕**10日、木曜**。——〔朝の3時半に眼がさめた、耳がひどく痛み、震えがきて、悪寒をおぼえ……〕。

7時から10時40分まで、継続作業——体調不良のわりに、すみやかな達成率《リズム》で。努力はした。しばらくすると、ある種の機械〔無意識〕的な幸福感をあじわう。むしろ品位をおとす兆候——部品を1個仕損じる（でも罵倒されずにすむ）。これが終了するころ、10個の座金がたりず、〔工場管理の〕官僚体質をあらわにする揉めごとが起こった。

5フラン、10パーセント350個、つまり17フラン85——これを**5時間45分**で〈伝票を〈流さず〉〉。じっさいは5時間かけずに340個仕上げた。

間隔——班長とレオンが、わたしに機械をあてがう件で、ちょっとばかり口論する。

官僚主義的な揉めごとはいかにも滑稽だ。座金が10個たりないとレオンにいうと、レオンは機嫌をそこね（まるでおまえが悪いといわんばかりに）、わたしを班長のところに行かせる。班長はそっけなくわたしをブレイ夫人（ガラスの小部屋にいる）へと追いやる。夫人はわたしをブルトネの倉庫につれていくが、ブルトネはおらず、座金もみつからないので、座金はないものと決めつけ、小部屋にもどり、注文票の出元とおぼしき部署に電話をする。夫人はX氏にいえと指示される。X氏の部署に電話をすると、X氏はY氏の部署を視察中だが、捜しにいくのは断ると返ってきた。夫人は受話器をもどし、笑い、しばらくのあいだ毒づき（ただしそのあいだも機嫌はいい）、Y氏の部署に電話をし、ようやくX氏をつかまえるものの、X氏からそんな注文票なんか知らんといわれる。夫人はムーケにえらく骨がおれましたよと笑いながら語り、余分に作るしかないですねと進言する。ムーケは落ちつきはらって、ごもっともですなと答えるが、それだけの設備はないとも付言する。わたしは班長に、ついでレオンにも報告する（またしても罵声）。わたしが伝票をこなしているあいだに、あらためてブルトネの倉庫が捜索されたらしい。レオンが座金を15個ばかりもってきた（またまた罵声をあびせながら）。残りの10個を仕上げねばならない。これらいかにも官僚主義的な妥協交渉が、わたしにとっては賃金の支払われない時間に相当する、のはいうまでもない……

10時45分から11時25分まで、レオンの溶鉱炉で**焼きなまし**——25個——ずっと溶鉱炉（わりと小さい）のまえに立たねばならない。熱さに堪えるのは楽ではない。記録は35分——1個0・036フラン、0・90フランの仕事というわけだ。

11時半から5時まで、**大きく重い衝立**《エクラン》（0・56パーセント、びっくりする査定。注文票12・190、伝票55——213個——記録は4時間）。

寸劇《ドラマ》。班長……レオン……倉庫係……**徒弟奉公**。

——いささか卑怯なレオン（「他人の失態《へま》の責任はとりたくないね」）。わたしの最低の出来の部品をもって班長のところに行く（これが彼の暴力——）。班長は——例になくむしろやさしい応対——見回りにきて、止め金具が不充分だとみてとり、調整させる。レオンが連なった止め金具を後ろにずらす。またしても仕損じをだす。古い止め金具と勘違いをして。レオンはどなり散らし、班長のところに行く。さいわい、つぎのは首尾よくいく。作業をつづけるが、震えはとまらない。原因がわからず、倉庫係を捜しにいく。倉庫係は親切かつ明快に説明してくれる（部品をつかむのではなく、下から支え、かならず両親指で前に押しだす。部品が止め金具に収まるのを確認するために止め金具にそってすべらせる）。まえに加勢にきてくれたミミも、助けるすべを知らず、そんなに気にしないでいいよと忠告するだけだった。

倉庫係と調整工たちでは天と地の差がある——なかでもレオンはいちばん無能。

ミミに明細票を示していった。「まったく、わたしったら、伝票を〈流して〉ばかりいたみたい」。彼女は答える。「そうね、**あのひとたち、出来そこないの分は払いたくないのよ**。どうしようもないわ」（！）

5時間＋1時間15分＋5時間45分＋35分＋4時間で、合計16時間35分になる。

10時間（伝票を〈流す〉）が1時間2フランで計算されたとすると、この3日間、わたしは約2フランの達成率《リズム》で働いた算段になる。

合計で1時間の遅れ。

［余白に］〈流さなかった〉伝票が4枚で41フラン35。

最後の10分を、**ロベールの大型プレス機**で——穴を使って引きおろす部品（ちょっとした鋳張りをとりのぞくための）。たやすく、精神的にもやすらぐ。ただ、いつも強めにペダルをふまねばならない——0・54パーセント注文票12・190、伝票55。

［余白に］（5時に、ロベールといっしょに始めた）。

［1月］**11日、金曜**。

7時から8時5分まで、**同機**〔ロベールの大型プレス機〕で、601個、つまり5フラン4相当。記録は1時間30分。伝票を〈**流さず**〉。1時間約4フラン65で、公式には3フラン36で働いた。[42]

8時15分から10時15分まで、電磁接触器《コンタクト》。銅製の小さな棒《バー》を止め金具に当てて穴をあける。むずかしくはない。これはなんの役にたつのかとイリオンに訊くと、いい加減な答が返ってきた。ところがロベールに訊くと、いつでも説明をいとわず、図面をみせてくれる。倉庫係がロベールに話をつけてくれたにちがいない。レオンときたら、彼の注文票をのぞいただけで、口汚く罵ってくる。なぜか。上下関係の意識からか。

〔余白に〕　そうじゃない。レオンはわたしがより有利な注文票を欲しがっていると思いこんでいるのだ。

いずれにせよ、そんなのは仲間意識に反する。注文票412・087、伝票2――600個を0・64パーセントで、3フラン84になる。記録は1時間45分。伝票を〈流す〉。最後に、切断工とちょっと揉めた（部品のやり直しを断ったからだが、結局やり直す必要などなかった）。

10時45分から11時半まで、**ロベールの大型プレス機**で。

11時45分から5時45分まで、（レオンといっしょに）**銅製の帯板の型抜きと穴あけ**。第2の寸劇《ドラマ》。250個を仕上げるころ、穴が真ん中にきていないことにレオンが気づく（わたしはぜんぜん）。またしても罵声。ムーケがやって来たが、わたしのしょげたようすをみて、とてもやさしかった。するとレオンは——自分の責任じゃないとわかるや、どうでもいいやと思う人間なので——もうなにもいわない。わたしはといえば、どうやら穴の位置の正確さにたいした意味がないことを理解するどころか、部品ごとに止め金具にきちんと当たっているかを、動きをとめて確かめ、仕上げた部品をいちいち見本と照合するしまつ。レオンがまた罵声をあびせるが、このたびは善意からだ。実入りを犠牲にしても良心的であろうとするのが、まったく理解できないらしい。すこし急いだが、5時間45分で1845個しか仕上げられない。支払は0・45パーセント。よって稼ぎは、4フラン50＋3フラン60＋20サンチームで、合計8フラン30、1時間2フランそこそこ。[43] 1時間30分以上〔の遅れ〕を挽回せねばならない。なにせ10000個もある。

42　実働1時間5分だが記録は1時間30分（先取り分25分を消化するためか）なので、実質賃率は4フラン65でも公式記録は3フラン36になる。

43　8フラン30を5時間45分で割ると、ヴェイユの記す「2フランそこそこ」ではなく約1フラン44である。

レオンはまるでたいそうな恩恵をほどこすかのように、あの仕事をくれた。たしかに大量の注文だ。なのに最終日でさえ、この仕事をすでにこなしたことがあり、遅れを挽回しようと必死で作業速度をあげたにもかかわらず、かろうじて規定上の3フランを達成できたかどうか。体調はあまりよくなかった、それはそうだ。だが、それでも仕事の支払が劣悪なのは確かだ。

［1月］**12日、土曜**。――**同機**〔ロベールの大型プレス機〕で、ぎりぎりまで力を振りしぼる。手順を発見。まず帯板をまっすぐに置く（レオンの支持台の並べかたがひどいので）。つぎに帯板を止め金具にそわせながら、なめらかな動きですべらせる。初めは1時間ちょっとで800個を仕上げたが、やがて疲れのせいで遅くなる。**ものすごく**つらい――背中が折れるほど痛み、さつま芋掘りを[44]思いだす――腕はまっすぐ伸ばしたまま――強めにペダルをふむ。天に感謝、今日は土曜だ！

遅れを挽回できない。2600個を仕上げる。つまり9＋2フラン70で、4時間かけて合計11フラン70。遅れを挽回するどころか、まだ30サンチーム（つまり60個相当）ほど、規定の速度を下回る。もてる活力《エネルギー》のすべてを注ぎこんだのに……。〔ゆうべ〕眠るのが遅かった、たしかに。

合計4400個仕上げた。

午後と日曜日はつらかった。頭痛――眠れない、たいせつな一夜なのに［悩みの種が多くて……］。

第7週［1935年1月14日から15日まで］

［1月］**14日、月曜。**——**同機**ロベールの大型プレス機］で、さらにぎりぎりまで力を振りしぼる——以前より連続のペダルふみに慣れてきた。ついに10150個を仕上げる。日割りにすると1日で5750個、または22フラン50＋3フラン75で、8時間45分かけて合計26フラン25だ。かろうじて1時間3フラン（60サンチーム不足だが）。へとへとに疲れた。そのため挽回はできなかった。挽回するには10000個（45フラン相当）を15時間で仕上げねばならないが、じっさいには16時間45分もかかった。

5時45分、機械を止めたとき、完全に疲れはてたあげく、魂はすっかり沈みこみ、希望もない状態だった。それでも、歌の好きな溶鉱炉係の若者にすれちがいざまに笑いかけてもらったり、——倉庫係に出会

44 ヴェイユはアンリ四世校準備級時代に友人ピエール・ルテリエの農場ラ・マルティニエール（ノルマンディー）で農作業を体験した。肉体的には苛酷だが美しい自然のなかで額に汗する経験は、ヴェイユが工場労働とは異なる歓びの源となる可能性を農作業にたくす一因となった。この経験はドトゥーフへの手紙に言及される。いわく、自分は不器用だけれど手作業は大好きで、工場就労のまえに農作業をした。朝7時から夜9時まで乾草、刈入れ、麦打ちと休まず働き、うちのめされるほどの疲労にもかかわらず「純粋な深い歓び」を味わった。よって、それが人間的なものでありさえすれば、自分はいかなる労働規律にも服する用意があると。

ったり、——更衣室でいつもより朗らかな冗談のやりとりを聞いたり、ただそれだけで充分なのだ。——こうしたささやかな連帯がわたしの魂に歓びをあたえ、しばらくのあいだ疲れを感じなくなる。だが、家にもどると、頭痛が……

［1月］**15日、火曜**。

7時から7時半まで、**同機**〔ロベールの大型プレス機〕で終了（200個ほど残った）。記録は合計で17時間30分。伝票を〈流す〉が、2フラン50を上回って落ちつく。

少々うろつく、意味もなく。

8時……。ビオルと**金属製の輪**。巨大なプレス機（型押し）——すごく重い（1キロある？）部品。これを250個仕上げねばならない。支払は3フラン50、3・5パーセント。部品1個1個に、機械にも毎回、注油せねばならない。とても骨のおれる仕事。立って、重い部品をあつかう。体調不良、耳が痛むし、頭も痛い……

伝動ベルト騒動、ムーケとビオル。

第1の揉めごと。朝、ビオルとムーケ。わたしが仕事を始めるまえに、機械の伝動ベルトが調整されていた。だが調整がいまひとつだった、らしい。ベルトが横にずれるのだ。ムーケは機械を止めさせ（いくらかビオルにも責任がある、もっとまえに止めておくべきだったから）、ビオルにいった。「滑車の位置がまずい、だからベルトがずれるんだ」。ビオルはベルトをじっとみつめながら、口を開きかけた。「いや……」。だがムーケがさえぎる。「いや、じゃないだろ。**このわたしが**、そうだといえば、そうなんだ。なにがなんでも、な！……」。ビオルは口答えをせず、修理係を呼びにいった。あの官吏然とした対応といい、人を見下す権柄ずくの口調といい、わたしとしては、ムーケに平手打ちをお見舞いせずには収まらない気分だった。（その後、だれもがビオルを「**ちょっとたりない**[45]」と思っていたことを知った）。

第2の揉めごと。午後、ふいに機械が部品を1個巻きこんでしまい、脇へどけようとしたが、だめだった。機械の上部にある棒《バー》が落ちないように支えている細い軸が穴から外れていたのだが、わたしには見えなかった。だから機械が部品のなかにめりこんでしまったのに、ビオルはまるでわたしの落ち度みたいにいう。

火曜、1時、統一労働組合《サンディカ》のチラシを配る。男たちの大半と女たちのわりあい多くが、いかにもうれしそうなようすで（わたしもうれしかった）うけとってくれた。イタリア人の女のほほ笑み。歌の好きな若者……。工場に入るときに、チラシをこれみよがしに手にもち、なかには読みながら門をくぐる者もいた。

45　「minus habens」はラテン語の成句。直訳は「〔知性・能力を〕より少なく有する」で、一般平均よりも「知的に劣る」人間をさす。

内容はくだらない。

工員どうしの妬み。大柄のうぬぼれやの金髪男とミミの会話。ミミは「おいしい注文票」にありつくために頃合いをみて駆けつけたと非難されている。ミミがわたしにいう。「あんた、妬んでないって？　それじゃ、だめよ」。そのくせ自分は妬んでいないという——いや、やっぱり彼女だって妬んでいるのかも。

例。赤毛の女との揉めごと。火曜の夕方。彼女はイリオンがわたしに割りあてようとしていた仕事を要求した。自分のほうが先に終えたのだといって（ところが彼女にはやりかけの注文票があり、ただ中断していたにすぎないのだが、わたしが立ちさってようやく、そのことをイリオンに告げた……）。おいしい仕事なんかではない（0・56パーセント、止め金具がむやみに平たくて、部品の収まりぐあいを見極めるのはまず不可能）。それでも彼女に仕事をゆずるには、がんばって自制心を発揮せねばならない。1時間から3時間のあいだで遅れをとっていたからだ。ところが彼女は仕事がよくないことを看てとるや、わたしが彼女に仕事をゆずったのはこのせいだと思ったにちがいない。

この赤毛の女は、〔仕事不足で〕自宅待機の時期に、独身の女と子持ちの女を例外扱いにするのにいい顔をしない。

ほかにはなにもない。ロベールがわたしに仕事をくれない。どうせ半分は仕損じるからといって。倉庫係のところにお喋りにでもいくか。ある意味ではうれしい。もう限界だ。

聞いた話。ある工員がコイルを作ったが、鉤が1センチ短すぎた。作業長《シェフ・ダトリエ》（ムーケ）は彼にいった。「こいつがお払い箱になりゃ、あんたもお払い箱だな」。たまたまべつの注文票でその手のコイルが必要になったので、工員は命拾いをした……

あまりに疲れはて、自分が工場にいるほんとうの理由を忘れてしまい、こうした生がもたらす最大の誘惑に、もはやなにも考えないという誘惑に、ほとんど抗えなくなる。それだけが苦しまずにすむ、たったひとつの手立てなのだ。かろうじて土曜の午後と日曜に、記憶や思考の切れ端がもどってきて、このわたし**もまた**、考える存在だったのだと思いだす。自分がいかに外的状況に左右されるかを思い知るとき、戦慄を禁じえない。あれやこれやの状況ゆえに、週末の休みもなく労働を強いられるや、それだけでおしまいだ。――しかも、そういう状況はいつだって起こりうる。――すると、唯々諾々としたがう、あきらめきった（すくなくとも自分ひとりのためなら）駄獣となりはてるだろう。ただ、友愛の感情、他者に加えられる不正な仕打ちへの憤り、これらは無疵で残るだろう――だが、長丁場ともなれば、いつまでもちこたえられるか。――労働者の魂の救済はなかんずくその体格に左右される、と答えたくなるほどだ。どうすれば屈強でもない人びとがなんらかの絶望のかたちに落ちこまずにすむのか、わたしには見当もつかない。――泥酔、放浪癖、犯罪、放蕩、またはたんに、かつもっとも頻繁にみられるのは、愚鈍化の兆候――（さらには宗教もそうか？）[46]

反抗は不可能だ。ほんの一瞬の閃きならいざ知らず（感情の水準においてさえ）。そもそも、なにに反抗するのか。ひとりで仕事をしている。反抗したくても、怒りをぶつける相手は自分の仕事しかない——ところが、いやいや仕事をするなら、仕事をうまくこなせず、つまりは食いっぱぐれて、くたばる。たとえば、結核を病んでいた女工は、注文票を達成できずに首になったではないか。轡《くつわ》を引っぱって自分を傷つけてしまう馬みたいに——そこで身をかがめる。そういう状況にあることさえ忘れはてる。で、甘んじてこうむる、それだけの話。思考のめざめなど、ことごとく苦痛でしかない。

第7週の火曜の夕方（1月15日）、バルダンヴェクが耳炎の診断をくだす。木曜、わたしはオーギュスト・コント通り[47]に移り、第8週と第9週、そこにとどまる。第10、第11、第12週の金曜まで、スイスのモンタナ[48]ですごし、A・Lの兄弟〔ジュール[49]〕とフェーリング[50]と会う。土曜の夕方（2月23日）、ルクールブ通り[51]に帰る。25日に工場にもどる。1か月と10日の不在。2月1日の前日、15日間の休暇を願いでていた。10日分も余計に、つまり25日間の休暇というわけだ。2月24日で、まるまる5週間働いた（実働日だけ数えて）。

6週間の休み。

第13週［1935年2月25日から3月1日まで］

（週40時間、4時半退社、土曜休日）

［2月］25日、月曜。

7時から8時15分まで（おおよそ）、ミミ、ウジェニー（ルイゼットの友だち）らと〔仕事待ちの〕中断。

8時15分、軽プレス機で、**鉄鋲《リヴェット》打ちのための下穴あけ**。第3週の木曜と金曜とおなじ作業。ただし、前回とちがい、止め金具に当てられるのは片側だけなので、いちいち確認しなければならず、そのため

---

46 これにつづく「革命もか？　革命にも落伍者はいる」との記述は削除されている。

47 パリ5区のオーギュスト・コント通り（リュクサンブール公園の南に位置し、高等師範学校、アンリ四世校、ルイ・ル＝グラン校、ソルボンヌ大学、コレージュ・ドゥ・フランス等を擁するパリ屈指の文教地区《カルティエ・ラタン》へも徒歩圏内）には、1929年からヴェイユの家族が住みはじめたアパルトマンがあった。

48 スイスのモンタナはフランス語圏のスキーリゾート地で、1933年以降、多くのナチス・ドイツ忌避者が住まっており、ヴェイユと母はそうした忌避者の知人宅に宿泊した。

49 「ジュール」は経済学者のジュール・ロトマン。その兄弟のアルベール・ロトマン（A・L）はヴェイユの高等師範学校時代の友人で数学者。ヴェイユの兄アンドレたちの数学集団ブルバキとも親しかった。ロトマン兄弟は抗独レジスタンスに参加し、A・Lは1944年にドイツ軍の捕虜となり銃殺されている。

50 フェーリングは「フェーリング反応」考案者として日本でも知られる化学者ヘルマン・フォン・フェーリング（1812―85）の血筋と思われるが、詳細は不明。ヴェイユはモンタナでフェーリングと工場労働について話をしたらしく、彼の反応への言及は184頁にみられる。1942年12月に亡命先のロンドンで再会したときは、ふしぎなことに以前よりもフェーリングに精神的に近しいものを感じると両親への手紙（1942年12月31日）に記している。

51 ヴェイユは実家のあるオーギュスト・コント通りとはまったく環境の異なるルクールブ通り228番地の建物の最上階（おそらく屋根裏で賃料が安い）に部屋を借りていた。ルクールブ通り363にある工場からは1キロほどの徒歩圏である。

に遅れがちになる。どうしても速度をあげられない。合計で2625個仕上げる。つまり1時間約400個

（午前11時、賃金をうけとるのに要した10分も勘定にいれて）。最初の1時間は仕事にならない。緊張で手が震える。その後、なんとかなる。のろのろだが。ともかく疲れもなく働く。ただし伝票は手もとにない。

毎日がこれぐらい緊張もせず疲労もなければ、工場にいても不幸だとは感じまい。

〔仕事待ちの〕中断のときの会話。ルイゼットの仲間の女が、喉に腫れものができ、――5日休んでいたが――もどってきた。「子どもらなんて、こちらが病気かどうかなんて気にしやしない」。2日働いて、また休み、腫れものがつぶれたら、またもどってきた。彼女はあいかわらず陽気だ。それでも、子どもらが遊びながらドタバタしたりすると苛々する、という。

ムーケが――彼女にいう。「あんたの髪は背丈とおなじくらい長いな」。彼女はむっとし、気分を害する。えげつなくしっぺ返しをしたいところだが。「でも口答えはできないしさ」。一方、ミミの妹、彼女なら口答えをする。あるとき、伝票のことで抗議したくてムーケのところに行くが、「さっさと仕事をしろ」と荒っぽく追い返された。彼女はぶつくさ文句をいいながら仕事にもどる。15分後、ムーケは彼女のところにやって来て、伝票の不備を解決してくれた。「仕事がうまくいかないときは、調整工やシャテルじゃなくて、ムーケにいうといいよ。ああいうときは親切だからさ」。ただし、ときどき怒る。そういうときのムーケは容赦ない。彼のむかつく言葉の一例。ミミの妹に、「あんたは職探しをした〔狩りをした〕こと

がないのか」[52]。――ウジェニーはわざわざ仕事を中断して、うれしそうに報告にきた。サーカスでいろんな動物をみたの、ポルト・ドゥ・ヴェルサイユのサーカスでね、入場料は2フラン、わたしね、豹をなでたのよ……

若い未熟練工の泣き言。ラテン語を2年やった、ギリシア語は1年、英語も1年だ（いたって無邪気に自慢する）。ほんとなら事務職さ（これがすごく自慢）。なのに未熟練工だと！「てめえの名も書けない間抜け連中に、頭をさげなきゃならない」。それだけじゃない、その連中から罵倒される。「へっ、これが労働者の連帯とはね！……」。その後、彼とは行きかうときに笑顔をかわしあう。彼は17歳くらいか。かなりキザだ。

レオンはいない（腕の怪我で）。言葉にならないほど気が楽だ。代役のジャコも、のびのびして、とても感じがいい。

火曜［2月26日］。

あいかわらず**鉄鋲**《リヴェット》の作業。伝票は0・62パーセントで、前回とおなじ作業（ただし両側とも止め金具に当たる）。残りを1時間500個、つまり3フランで仕上げるが、昨日の遅れは挽回できず。正午、どうしようもなく疲れはて、家に帰る。食は進まない。身体を引きずるようにして、どうにか工場にた

52 「職探しをする être à la chasse」の原義は「狩りに行く」だが、「首になる」「暇をもらう」「職探しをする」も意味する。

どりつく。仕事をひとたび始めると、疲れは消え、むしろ陽気な気分になる。工場をでるときも疲れはない。3時半から4時のあいだに、ねじ切りの作業終了（注文票406・367、b・3）。6011個ある。つまり7時間以上かけて3375個仕上げたわけだ（それでも1時間500個とはいかない）。21フランに相当。合計で37フラン20。記録は13時間45分[53(a)]。

4時から4時半まで、あいかわらずジャコといっしょに、手動のプレス機で座金の作業。抜型《マトリス》に座金をつぎつぎに嵌めていくには、それらを片手で支えていなければならない。ムーケは組立がもっと楽になるように調整させたいのだが、望みどおりの高さのブロックがないので、ジャコにはうまくできない。わたしが時間を損しただけ。110個の座金。

水曜［2月27日］。

8時10分に終了。合計で**座金560個**、0・468パーセントで、稼ぎは2フラン60[53(b)]！ ミミがついて来て（わたしのせいで遅れたのだ）、ちょっと苛々した口調で、自分の伝票の不満をぶちまける［注文票406・246、b・1］。

記録は1時間15分。

〔コンデンサー導体用の〕**真鍮箔**。初めは、とてもむりだと思ったが、みごとに仕上げることができた。ジャコはとてもやさしく、うまくいかないときは自分にいえ、といってくれた。査定の計算ミス。2・80パーセント。だが、それは6個入100包分であって、注文票の総量に当たる！ すくなくともミミの言い分はそうだ。以前のわたしはこんなに急がなかった。10時に終了、稼ぎはきっかり2フラン80！記録は2時間[53](c)——注文票425・512、b・2。

鉄鋲《リヴェット》打ち、大型フライプレス機で。やりにくい。部品がどれもみな具合がよくない。わたしが部品を1個仕損じ、ジャコがむずかしい顔をする。勘定書《コント》は関係ない。もはや量の問題だ（108個だと思う、125個じゃなく）。稼ぎは1個0・034フラン、総量で3フラン65。しかも2時間45分で終了！　記録は3時間。ついでブルトネのところで45分の〈仕事待ちの〉中断（金属屑の切断！）最後に絶縁材《カルトン》の作業を、ジャコといっしょに、手動も足ふみも選択できるプレス機で、4時半きっかりに終了。ジャコはいつもやさしい（箱《ケース》を調達してくれるとか……）。例の未熟練工の若者がやって来て、仕事のじゃまをする。査定の記録はないが、伝票を〈流す〉。

［上記の余白に］　1時間の損失——

53　この時期の達成率はかなり低い。aの13時間45分で37フラン20は時給換算で2フラン70、bの1時間45分で2フラン60は時給2フラン08、cの2時間で2フラン80は時給1フラン40になる。dは先の3日間の平均の2フラン20、eの2フラン30、fの2フラン50、つまり最後のf以外はどれも公式の時間賃率2フラン40に届いていない。

稼ぎはこの3日間で、37フラン20＋＋2フラン60＋2フラン80＋3フラン65＋（とりあえず加算すると！）2フラン50で、合計52フラン35も！　8時間労働の1日17フラン43つまり1時間平均2フラン20[53](d)。それでも公式の時間賃率を下回る！。

夕方、絶縁材《カルトン》の作業、頭痛。と同時に、身体的な能力を自覚する。工場の騒音も、いまやそのいくつかは意味（鋳物工《ボイラー》が木槌や大槌《ハンマー》……で叩く音）を有し、深い精神的な歓びと身体的な苦痛とを同時に呼びおこす。名状しがたい感覚印象。

帰宅すると、頭痛がひどくなり、吐き気がして、なにも食べられず、ほとんど眠れない。明け方4時半に、今日は家にいようと決めるも、5時には起きる……。温水湿布、薬包。木曜の朝だ、これで大丈夫。

木曜［2月28日］。

「磁気回路のエアギャップ」。注文票421・346、b・1。0・56パーセント。1068個、つまり6フラン。9時5分（？）に終了、記録は2時間、**伝票は**〈**流さず**〉（唯一の）。

「可動指片の転向装置《デフレクタ》」、ロベールといっしょに——初めのうちは、装着がむずかしいと思った部品。だが、そのうち、工具が下がるときに部品を配置すればよいと、わかった。おかげで仕事がはかどる。510個、0・71パーセント、つまり3フラン50。10時45分に終了、記録は1時間30分［つまり1時間2

フラン30[53(e)]〕。注文票421・329・b・1。

〔仕事待ちの〕**中断**（金属屑）。ブルトネは30分と記録してくれる。

切断機で締付板（ジャコと）、（立って片足でペダルをふみながら、ルイゼットといっしょに40キロの重い平鋼《バー》の作業をしたあのプレス機を操作）。注文票421・322、b・1——0・43パーセント、記録は350個（翌日、もうすこし多かったと知る。数えていなかったのだ）。1フラン50。記録は35分。11時45分に終了。今朝の稼ぎは、6フラン＋3フラン50＋0・90フラン＋1フラン50、すなわち4時間45分で合計11フラン90、つまり精確には1時間2フラン50[53(f)]である。

午後、ミミの妹といっしょに、時給で絶縁材《カルトン》を切断し、取っ手《クランク》を回す。前回のような急変がなく、すこぶる気分よく働く。記録は1時間15分。

2時半、ジャコにいわれて〔端子接続用の〕**圧着端子**《ターミナルラグ》（倉庫係によると、電動機の部品）部門に移動。注文票421・337、b・1——0・616パーセント。

出来高払いの仕事。

むずかしいのは、2番めの角が直角になるように、部品をうまく止め金具に当てがうことだ。止め金具にきちんと当たっていないと、部品をだめにする。

ジャコが丁寧に説明してくれたので——自信をもって作業にあたる。何個もうまく仕上げる。1個は幅が広すぎて抜型《マトリス》の窪みに入らず、支えられていないので後ろにずれる。すぐ後ろにいたシャテルが、それほど荒っぽい口調でなく、もっとうまく止め金具に当てろという。ほかの部品はうまくいったが、また1個仕損じる。幅が広すぎるものだけではない。幅が狭すぎるものは、磨滅して丸くなった止め金具からすべり落ちる。ジャコにみせると、幅の広すぎるものは脇にどけておけという。またジャコを呼ぶ。ジャコはシャテルに話をし、わたしには、つづけろ、今度うまくいかなかったら、シャテルに相談しろ、という。やってみる。ついで仕損じた部品をもって、シャテルのところに行く。こりゃ、使いものにならんな、とシャテルはいう。部品は止め金具に当てるんだ、と。わたしは説明を試みる。シャテルはいっこう頓着せず、帰りな、いつまでもこの調子でやるなよ、という。すぐに倉庫係を呼ぶと、それじゃだめだ、どうみても——まあ、おれなら、全部うまくやるけどね、という。工具が下がるときに部品を指で支え、止め金具にとどめようとする……が、彼だってけっこうな数を仕損じる！　シャテルは工具をあれこれ調べたあげく、工具係を呼んでくる。工具係は止め金具の磨滅のせいだといい（そんなことぐらい、わたしにもすぐわかった！）、抜型《マトリス》をとりだし、止め金具に鑢《やすり》をかけ、工具を元にもどす。指を使って作業をつづける（危ない！）ちょっとはましだが、まだ充分ではない。工具係をまた捜しにいく。工具係はムーケといっしょにいた。ムーケがやって来て、抜型をすこし拡げて、わたしの手が工具の下に巻きこまれないように、工具をもっと下げろと命じる。4時半まではうまくいく……。100個よりすこし多めを仕上げるも、40個ほどの仕損じをだす。

この４日間で64フラン25の支払（社会保険で４フランの天引）。ただし後半の２日分は時間賃率で支払われている。わたしにとって１日14フラン40（１時間１フラン80）。前半の２日分として12フラン95の手当《ボーナス》を得た。

28フラン80＋12フラン95で合計41フラン75。いったいどこでピン撥ねされたのか。〔仕事待ちの〕中断（１時間15分、つまり３フラン25？）があって、それから？

３月１日、金曜。——〔端子接続用の〕**圧着端子《ターミナルラグ》**を作る。10時半に終了し、合計で２１３１個。今朝の分でいうと３時間30分で約２０３０個（１時間580個、０・６１６パーセント！）。稼ぎは合計で13フラン。昨日、２時間も損したとシャテルに説明すると、「２時間ねえ！」とぶつくさいい、伝票に「時間の損失……」と記す。だが、何時間かは記さない！　記録は２時間と３時間30分。

11時45分まで〔仕事待ちの〕中断。

再開し、小溶鉱炉で**焼きなまし**。上首尾。すなわち、部品を引きあげるときに、冷静さを失わずにすんだ。骨のおれる作業。しょっちゅう溶鉱炉のまえに立たねばならない（大溶鉱炉ほどではないにせよ）。２時に〔仕事待ちで〕中断させられる……部品が冷間圧延!!!されるので。伝票に自分の時間だけを記録する。〔公式の〕記録は45分。

〔仕事待ちの〕中断のとき、デュボワとウジェニーと赤毛の女が口げんか。

たっぷり20分はロベールを待つ。べつな女工も……

切断機の「**柄**《え》」。注文票918・452・b・31。ロベールといっしょに。300個を0・616パーセントで、つまり合計1フラン85の作業。だが査定も課せられた速度も気にせず、自分のやりかたで悠々と作業する。ただし毎回、部品を止め金具の丸くなった先にぴたりと当てるように、細心の配慮をしつつ。なかには曲がった平鋼《バー》もあり、止め金具で支えるのがむずかしい。長すぎる棒《バー》も多い。3時25分に終了（ただし開始は遅め）。記録は1時間。

倉庫〔係〕に奨められて、5時15分まで残る許可をくれと、ドゥルーシュに頼みにいく。許可される。その夕方、工具係のところに行く——現場監督《コントルメトル》はわたしをみない。

〔端子接続用の〕**圧着端子**《ターミナルラグ》〔金曜の午前中と〕おなじ作業。あいかわらず0・616パーセント最後の操作。V字型にする。ボタン式の機械で。部品を工具から引きぬくのがむずかしく、しょっちゅう遅れる。もっとも、押しこむのはたやすい。

部品は、工具でV字にするあいだ、軽くたわむ。部品をジャコにみせると（部品をじっくり調べるまでもないといっていたのに）、それをシャテルにみせる。ふたりして深刻な顔で話しあう。シャテルは部品を平たくして（だが、どうやって？）作業をつづけろという。わたしは自分のやりかたでつづける。ゆっくりすぎるくらい。仕上げたのは281個だけ！　残りの１８５０個を**遅くとも**3時間15分、つまり損した時間も考慮するなら、1時間600個の速度率で仕上げねばならない。なにがなんでも！

金曜、〔端子接続用の〕**圧着端子**《ターミナルラグ》で1時間の記録なら、30分もの損失だ。——だが、伝票を〈流す〉くらいなら、1時間の損失のほうがまし、それが可能ならば。

［上記の余白に］　15分の損失（機械の清掃が15分と計算するなら）。

いや、そうではない。じっさいは０・７２（ボタン式の機械）、つまり5時間で15フラン30。挽回するには、残りの4時間を1時間460個の速度《ペース》でこなさねばならない。あと1時間で425個を仕上げるべきなのだ。月曜に1時間435個しかできなければ、伝票を〈流さず〉にすますには、金曜の20分を損失のまま残すしかない。

そうではない。そもそも、機械の清掃に15分かかった。ゆえに金曜は45分しか計算されていないはず。それなら挽回すべきは5分だけ、たいした時間ではない。だからまだ4時間15分ある。11時15分には終了できるはず。

覚悟していたより疲れは少ない。機械を動かしているときにさえ、幸福な瞬間がおとずれる。モンタナでも感じなかったのに（時差的な効果なのか！）。——だが、食事の件はあいかわらず苦痛でたまらない。

第14週［1935年3月4日から3月8日まで］

［3月］4日、月曜。

月曜、起きぬけに烈しい頭痛。おまけに運わるく、終日、わたしのすぐ横で、猛烈な騒音をたてる回転装置が操作されていた。正午、ほとんど食べられない。それでも速度は落ちない。しかも薬包も飲まずに。

圧着端子《ターミナルラグ》。——ようやく11時45分に終了。ただし、わたしの落ち度ではなく。午前中、機械のせいで、確実に30分以上の損失（いや、はるかにもっと多く）。ジャコがいうには、ボタン式のやつで、うまくいった例《ためし》がない。それならペダル式の機械にしよう、とジャコを説得する。危険度はますのだが。これもうまくいかない。ふたたびジャコを呼ぶはめに。——ムーケの命令で、ジャコがボタンを調整する。やはりだめ。さすがに気のいいジャコも苛々する……。11時10分、機械を分解しはじめる——発条《バネ》が壊れていたのだ。ふたたび組立てるも、ぜんぜんだめ。ジャコはピリピリ、苛立つ……。班長は、わたしが伝票をもどしたとき（作業をつづけるのはやめた、すでに仕上げた数が勘定書《コント》の求める数より多かったので）、J〔ジャコ〕に皮肉たっぷりの対応をした。

午後、30分の〔仕事待ちの〕中断。その後、**小板**の注文票が2枚。各520個ずつ、0・71パーセントで（注文票421・275、b・4）。初めに時間を損する。部品を引きぬき——数え——止め金具に当てるのに要らぬ配慮をするうえ——ペダルふみが下手なせいだ（奥までふみこめない、ペダルが硬くて）。——第1の注文票は3時15分に終了。第2の注文票は3時25分に開始し（ジャコが機械の準備をしたのに気づかず、待機で5分の損失）、わたしの最高記録ともいうべき決死の速度で仕上げ、4時半きっかりに終了。これで1時間3フラン60を達成。記録は両方とも1時間20分——4時間30分＋30分＋2時間40分で、合計7フラン40。稼ぎは金曜と月曜で、12フラン30＋1フラン35＋1フラン85＋14フラン40＋0・90フラン＋7フラン80で、合計**39フラン60**。うち21フラン20が月曜の分。

〔余白に〕　金曜に1時間、月曜に4時間30分かけた。20分の損失。

ジャコと機械

機械になにが起こったのか（わたしはばかだ、もっと注意を払って観察しておくべきだった）。——ボタンを押すと、工具がともすれば二度も下がってき

倉庫係、製図工、「万能装置」

工具係とその上役〔現場監督《コントルメトル》〕

火曜〔3月5日〕。

朝、月曜の夕方と似たような3枚の注文票。

〔1〕600個を0・56パーセントで——とりはずしがしにくい小型部品——記録は1時間15分。

た。班長はそれを見て、「そんなことするなよ」という（それだけか！）。その後、似たようなことが起こる。ただ、このときは、ありがたいことに工具は下がらずにとどまった。ジャコが機械を再始動させ、わたしは作業をつづける……また、おなじことが起きるまで。ついにジャコは作業をやめろという。通りかかったイリオンが、大きな輪の「指」〔発条《バネ》〕が壊れている、とジャコにいう。——その通りだった。が、ほかにも原因があるらしい。なるほど、気の毒なジャコにとって、この機械は得体のしれぬ獣なのだ……

［2］550個を0・71パーセントで、記録は1時間20分。
［3］550個を0・71パーセントで、記録は1時間20分[54]。

長時間やっていると、**とても**疲れる。ペダルがとても硬いのだ（お腹が痛くなる）。ジャコはいつも愛想がいい。

その後、ビオルと組むことになり（わたしに良心の呵責をあたえた、あの重い部品になつかしささえ感じる！）、〔両手操作式の機械〕「ピアノ」をあてがわれ、午後いっぱい、これを操作する。ただし、2時45分から3時45分までの〔仕事待ちの〕中断はのぞく。0・50パーセントで2枚の注文票、1枚は630個、もう1枚は315個。

時間の記録は、2時間、それから3時15分。

〔先週の〕金曜、ビオルの重い機械が（まだ整備されていないが）どうにか使えるようになったのを見た。倉庫〔係〕はいう。そいつはやめときなよ、すごく硬いからさ。で、ほかの作業にする。――月曜、ウジ

54　この3つの注文の時給換算はそれぞれ2フラン68、2フラン93、2フラン93。

ェニーが終日その作業をしているのを見る。呵責の念に苛まれる。その作業を引きうける段取りをつける**意欲**さえあれば、おそらくやりとげられただろうに。それがどんなにつらいか知っている。耳炎だったとき、最終日の午後にやった作業だから。あるいは似たような作業だったか。4時半、ウジェニーはあきらかに疲れはてていた。

1時間15分、1時間20分、1時間20分、2時間45分で、合計6時間40分——1時間20分の〔仕事待ちの〕中断になる——中断は1時間だと思うので、20分の損失というわけか。

4時半、ひどく疲れたので、さっさと工場をでる。夕方、ずきずきと頭が痛む。

始めのうち「ピアノ」にはえらく難儀した。うまく止め金具に当たらないのではないかと不安で——午後の終わりに、すこしよくなる。ただし指先は血だらけだ。

水曜［3月6日］。

朝、またしてもピアノ（630個）。指は痛いが、昨日よりはうまくいく——それでも1時間30分以上かかった。記録は1時間20分。その直後、ロベールが50個の注文をやらせてくれる（注文票421・146-147）（支払は?）。ロベール自身が仕上げた（急ぎの注文だったし、時間を稼ぐためでもあったのだろう）べつの50個の伝票もゆずってくれた。けっこう親切だ。——困難な点、いくつかの部品が止め金具に収まらない。そういうのは脇にどけておけば、おれがやるからさ、とロベールの指示。ずっしりと重い疲労と頭痛のせいで遅れ、2枚の伝票に振りわけておいた30分を使いはたす。その後、また「ピアノ」。おなじく630個をべつな方法で作りなおす。速度をあげようとして、仕損じるところだった。もっとも以前ほどは、仕損じる恐怖に怯えなくなった（1個でもだめにするな、勘定が合ってないとか、余裕がないとかもあるんでね、とビオルは口うるさいけれども）。部品を作りなおしながら勘定しなおす。一度め、まずは610個あった。つぎに数個たりないが、620個。先にこれを作った女工によると630個。二度め、勘定は合っているといった。ケリをつけたかったのだ。0・50パーセントぽっちで、きっちり勘定しろとは、どういう料簡なのか。記録は1時間20分。[55]その後、ロベールがまたわたしの担当になる。それぞれ25分と記された2枚の注文票（なんとまあ）。

11時15分にすべて終了（伝票作成まで込みで）。――11時5分に終了したと班長にいうと、11時終了と伝票に記録してくれた。おかげで今朝は遅れなかったことになる。すべての伝票を同時に作成したことで、班長に文句をいわれる。

午後、2時まで〔仕事待ちの〕中断。それから、**頭蓋帽型《キャロット》の金属部品**。200個を1・45パーセント！〔〈流さない〉ために〕1時間以内で仕上げろというのか。[56]ところが部品は重く、箱《ケース》から1個ずつとりだし、1個につき4回ペダルをふみ、二度の操作が必要なのだ。

55　630個を0・5サンチームで仕上げて3フラン15、時給換算では2フラン36になる。

まず部品を配置する

ついで部品を回転させ、第2の操作

さらに回転させる。つまり、第1の組立操作で、すべての部品で2回ずつペダルをふみ、ついで第2の組立操作で**おなじ動作**をくり返す。――すなわち800回ペダルをふむのだ。ところが部品の配置が容易ではない。ネジの穴を通さねばならない、など。第1の操作が終了し、やっと伝票をもらう。最高速度に達していないのではないか、としばしば感じる。なのに疲れる。夕方、はじめて、ほんとうに、疲労に打ちのめされる感覚。モンタナに行くまえのように。ふたたび、あの駄獣の状態にずるずると落ちこみそうな予感。それでも、倉庫係と話をするとか、工具係に会いにいくとか、まだ救いはある。

木曜〔3月7日〕。――8時までおなじ部品の作業をつづける。記録は3時間30分で、正しい数値（注文番号を記すのを忘れた）。その後、注文票421・360、b・1。230個の締付板を1・28パーセントで。9時45分に終了。記録は1時間10分（あいまに30分の〔仕事待ちの〕中断があったのか？ もはやおぼえていない)。手動の小型プレス機で、ジャコと仕事。ジャコはいつも愛想よくほほ笑む。

その後、11時まで〔仕事待ちの〕中断。このとき、疲労の重みをずっしりと感じ、つぎに来る仕事を不安な気持で待った。100個単位の注文票のせいで、しょっちゅう休憩がつぶれるので、女工たち(とくにミミの妹)は腹をたてる。ジャコが5000個の注文票をもってくる。わたしの番だ。ペダルを休みなくふんで、帯板《バンド》から座金を型抜きする。査定は0・224パーセント(おおよそ)。できれば伝票を〈流し〉たくはない。あれこれ考えずに仕事にとりかかる。ジャコの忠告はただひとつ。詰めこみはいけない、工具を壊すかもしれないから。疲れていたのと速度をあげたい気持もあって、ちょっと苛々する。始めるにあたり、帯板《バンド》をさほど遠くないところに置いてしまう。おかげで、あらためて最初からペダルをふまねばならず、部品を1個仕損じる(5000個中1個の仕損じ、たいしたことはないが、帯板《バンド》1本ごとにくり返すなら、たいそうな数になる)。こういうことはときどきある。ついに苛々が嵩じて、帯板《バンド》を遠くに置きすぎたので、ベルトは止め金具を乗りこえ、座金ではなく円錐状のものが落ちてきた。なのにすぐジャコを呼ぼうとせず、帯板《バンド》をひっくり返し、自分のやらかした失態に気づきもせず、またしても止め金具の上をすべらせ(おそらく)、またしても円錐状のものを落っことし、その直

56「キャロット」とは頭蓋帽型の金属部品の総称で、たとえば時計の文字盤を保護するガラスケースも「キャロット」と呼ばれる。伝票を〈流さない〉ためには、つまり1時間3フランを達成するには、200個で1サンチーム45(時給換算で2フラン90)でもまだたりない。

後に工具の「精鋭部分」(?)まで落っことした。工具は壊れた。なにより心に刺さったのは、あの愛すべき気のいいジャコのそっけなく厳しい口調だ。急ぎの注文票で、おそらく工具の組立がむずかしく、やり直しを迫られていたのだが、ここ数日来(おそらく今日も)生じた事故でみんな神経が昂っていた。——班長は上役風をふかせる男にふさわしく、わたしを思いっきり罵倒する。だが、ある意味でみんないっしょくたに(「~をしでかす女工たちがいるとはじつに不運である云々……」)。ミミはわたしがしょげているのをみて、やさしく励ましてくれる。11時45分だった。

午後(ずきずきする頭痛)。3時半まで〔仕事待ちの〕中断。帯板《バンド》からまだ500個も座金を切りださねばならない(最悪!)。ただし手動のプレス機で。またおなじことをくり返すのが怖くて、ひどく神経が昂る。じっさい、第1のペダルふみのときに、帯板《バンド》を一度ならずも止め金具の上をすべらせてしまうが、なにも起こらなかった。毎回、びくびくする……。ジャコはほほ笑みをとりもどす(機械がなにか気まぐれを起こし、作動するのを拒否するかと思えば、数度つづけてまともに機能するので、そのたびにジャコにうったえねばならない)。だが、もはや彼のほほ笑みに応える気にはならない。

ジョゼフィヌ(赤毛の女)とシャテルのあいだの揉めごと。どうやら、彼女にあまり実入りのよくない仕事を割りあてたらしい。(わたしの機械の横のプレス機で、班長の事務室に面したボタン式の機械をあつかうのだ)。ジョゼフィヌはぶつくさ文句をいう。シャテルは腐った魚みたいに口汚く彼女を罵る。かなり下世話な感じだ(が、わたしには言葉がよく聞きとれない)。彼女はいい返さない。唇をかみ、屈辱を呑みこみ、泣きたい気持を押し殺しているのはあきらかだ。こっぴどくいい返してやりたい気持は、おそらくさらに強いだろうに——三人か四人の女工がその場にいあわせるが、なにもいわず、中途半端なにやにや笑いを押さえられない〔ウジェニーもそのひとり〕。というのは、このひどい仕事がジョゼフィヌに当たらなければ、女工のだれかに当たったわけだから。だからジョゼフィヌが罵倒されていることは、それなりに喜ばしい状況なのだ。のみならず、あとで〔仕事待ちの〕中断のときに、そのことをあからさまに口にする——さすがにジョゼフィヌの面前ではないにせよ。ひるがえってジョゼフィヌだって、ひどい仕事がほかの女工にあてがわれることに、なんの不都合も感じるまい。

〔仕事待ちの〕中断のときの会話（残らず記録しておけばよかった）。郊外の家について（ミミの妹とジョゼフィヌ）。そこにネネットが加わると、たいていは、軽騎兵の連隊全員の顔をも赤らめさせる軽口や打明け話に花が咲く（たとえば〈彼氏〉が画家だという女は［ひとり暮らしだが］、日に3回は——朝、昼、晩と——その男と寝るんだと自慢たらたら。そして、彼の〈テクニック〉と他の男の〈テクニック〉の違いをとくと披露する——彼が金銭的に助けてくれるので、「なんの不自由もない」とのこと。わたしの理解するかぎり、セックスをしていないときは、自分のために料理を作って、食べているらしい）。

地下鉄《メトロ》でネネットと出会う。わたしはすでにルノーで働いていた[57]。彼女いわく、8日まえに病気になっ

57　ルノー工場（6月5日から8月9日まで就労）での経験への言及があるので、この記述は後日のものである。ヴェイユが働いたのは1929年に量産体制にむけて近代化されたブーローニュ＝ビヤンクール〔パリ16区に接する都市〕の工場だったと思われる。

て、届けも出さずじまいだったので、とてもアルストンにもどる勇気はない――「なにを怖れているのか。とはいえ……」。まあ、ちょっとした反抗か……。わたしがルノーにいるというと、なんとまあ痛ましいといった同情のそぶり。

だがネネットには、ほかの一面もある――子どもたち（13歳の男の子と6歳の女の子）のことや――彼らの勉強のことや――男の子に読書の趣味があることを（いかにもうやうやしい口調で）話すときなど。この週の後半、彼女はしょっちゅう〔仕事待ちで〕中断の状態にあり、いつもとは異なる深刻なようすだ。子どもたちの寮費をどうやって払おうかと、ひどく頭を悩ませている。

フォレスティエ夫人をめぐる揉めごと。彼女への募金《カンパ》の件が話題になる。いっさい出す気はない、とウジェニーはいう。ジョゼフィヌも、自分は出す気はないが（もともと彼女はめったに出さない）、フォレスティエ夫人が募金の件でみんなに礼をいうために工場に来た（わたしが工場にもどったその日だ）、と教えてくれた。ネネットとイタリア人の女は、かつては大の仲良しだったのに、なにも出さないつもりらしい。彼女らになにかした、というより他の多くの人たちに迷惑をかけたから？

イタリア人の女は病気だ。わたしの第2週めに、彼女は「まとまった休みをとらせて〔釣りにいかせて〕ほしい」[58]と頼んだが、ムーケに断られた。要員がふたりしかおらず、短い休みしかもらえなかったのだ。子どもはふたり。夫は煉瓦製造工（未熟練の）で1時間2フラン75の稼ぎ。おかげで彼女は養生したくてもできない。肝臓がわるく、工場の騒音のせいで頭痛はなおさら堪えがたい（いやというほどわかる！）。

［3月］**8日、金曜**。──〔仕事待ちの〕中断。このような状況のときも、もはや数週間まえのように、自分がやらかしそうな失態を想像しては縮みあがるといったふうには、時間をすごすことはない。──以前よりはすこしばかり自信がでてきた証拠。

イリオンがわたしを呼び（何時だったか）、地下鉄《メトロ》用計器の蓋に切り込みを入れさせる。片面に。気が散って仕損じたらどうしようと心配でならない。──149の蓋（伝票では150個）を1・35フラン（パーセント）で。仕損じるのが怖くて、どうしても急ぐ気にならない。ここで1個でも「死んだ」部品がでると、おおごとになる。いやな兆し。工具の食い込みがたりず、うまく切り込みが入らない。部品の搬入にたいそうな時間の損失。荷車《カート》は3台。仕上がりは147個。動転した班長に数え直しをさせられ、15分をついやす（が、この15分は伝票には記録されず中断とみなされる）。注文票421・211、b・3。9時に終了。10時まで〔仕事待ちの〕中断。疲れはて、心配でたまらず、このままずっと中断でいられたらと思う。10時に呼びだされ、磁気回路の絶縁材《カルトン》をとりのぞく（第1週の終わりとおなじ作業）。たっぷり夕方までの量があるのをみる。ぐっと気が楽になる。以前にやった最後の日に発見した手順をもちいて（木槌で小刻みに何度も叩く）、しっかり、すばやく働く（1時間30部品以上の速度で。とこ

58　「釣りをする aller à la pêche」は、訳註**52**の「狩りをする」とおなじく「首になる」「暇をもらう」「職探しをする」の意味もある。ここでは、（もっと楽な）仕事を探すために暇をもらおうとした女工が、現場の人員不足からムーケの許可が得られなかったようだ。退職に許可が要るのは、不況時のおり、つぎの仕事を探すために「就労証明書」が必要だからか。

ろで最初の日は15個しか仕上げられず、5時間でやっとこさ9フラン分の仕事しかできなかったからと、ムーケはわたしの仕事を1フラン80と査定した）。失態をやらかすのではという恐怖はない。そこから生まれるくつろぎ。それでも（しかも正午に食堂で食べたのに）午後なかばになるころ、ひどく重苦しい疲労感に捕らえられたので、〔自宅待機の〕休職通告をほっとした気持でうける。

第15週［1935年3月11日から16日まで］

〔自宅待機の〕休職通告（3月8日から3月18日〔実質3月17日〕まで）。

土曜と日曜、頭痛——水曜昼まで、ほぼ完璧な虚脱状態。午後、春のはれやかな好天に誘われて、ジベール[59]に行き、3時から7時まですごす。月曜、マルティネ[60]に会いにいき、それから工業製図の手引書を買う。金曜の午後、ふたたび虚脱状態。金曜の夕方、ギエヌフ[61]に会う。その夜、眠れない（頭痛）。翌日の正午まで眠る。ギエヌフに会う（彼の家で）、昼の12時から夜の10時半まで。いつもの日曜。

第16週［1935年3月18日から22日まで］

18日、月曜［3月］。——7時50分（?）まで、**帯板《バンド》から座金の型抜き**。（あの愛すべきジャコが工員にもどったので）[62]、〔調整工に〕返り咲いたレオンといっしょに——0・336パーセントで336個を仕上げる。またしても怖気づく。——失態を二度も演じたが、さいわい気づかれずにすむ。わたし自身も二度めになってようやく気づいた。最初のペダルをふんだあと、帯板《バンド》をひっくり返すと、最初のペダルのあけた穴が板の真ん中にない。わたしが後ろに反りすぎるのだ。そのせいで捻じれた部品が数個できるが、みつからないように隠す。だからといって、おそらく工具の調子がよくなるものではないが。のろのろ仕事で、速度はいっさい気にしない。記録は40分。

おなじ座金を**小型フライプレス機で歪み取り**。おかげで、手がすべって仕損じた部品を隠しおおす。注文票907・405、b・34——0・28パーセント8時半に終了、記録は30分（つまり合計で20分の損失）——稼ぎはたったの0・95フラン！ わたしの時間賃率は……。速度をあげようとはしなかったにせよ。

電気分流器《シャント》を小型フライプレス機でプレス。注文票420・500——2時15分まで796個を仕上げる。

---

59 1888年創立の老舗書店で、パリの文教地区《カルティエ・ラタン》にあった。

60 マルセル・マルティネ（1887—1944）はプロレタリア文化を称揚する詩人にして作家。代表作は『呪われた血』。アランの弟子たちの刊行する『自由提題《リーブル・プロポ》』誌にも人脈があった。

61 孤児だったロベール・ギエヌフ（別称イヴォン、1899—1986）は養護施設で育つ。木工職人として16歳から19歳にかけて「フランス巡歴」を達成し、1918年に空軍に配属される。1922—23年にフランス共産党に入党、ロシア語を修得、フランス共産党の任務をおびて中欧を歴訪、1923年以後、ソ連に居住するも国籍取得は拒否。やがてソ連内の反体制派となり、1934年、フランスに帰国。ヴェイユ自身がまとめたギエヌフの経歴については190—191頁を参照。

62 工員のジャコは人手がたりないときは調整工も兼ねる。

記録は4時間15分。支払は1・12パーセントで、稼ぎは8フラン90（1時間2フランにもならない）。シャテルは部品ごとに4、5回も打たせる（2回は一方の先端、2、3回を他の先端）。伝票を示しながら、こんな条件で伝票を〈流さず〉にいるのは無理だ、と彼にいう。彼はこのうえなく横柄な口ぶりで答える。1フラン12を〈流す〉だと！ 彼の無能を知っているので、わたしも動揺はしない。彼が伝票になにか記したかどうかは知らない。なにも記してはいまい、まず確実に。あんなに何回も打たずにすんだのに……。速度をあげようと努めるが、夢想にふけっている自分にたえず気づき、はっとわれに返る。速度の制御はむずかしい。いちいち数えていられないからだ。疲れた、とくに11時45分に外に出たとき（「プリズュニク」[63]で食べ、ちょっとくつろぐ。仕事にもどるまえの心地よい瞬間。パリの城壁跡[64]、工員たち……。でも、機械のまえでは奴隷に逆もどり）。

仕事にもどり、似たような電気分流器《シャント》が、一方で指状接触片《コンタクトフィンガー》に、他方で金属コイルにつながれて、何列も並んでいるのをみた。

〈仕事待ちの〉**中断**――理論上は2時から3時まで。

プレス機でソケットに穴を打ち抜く――ロベールといっしょに。注文票406・426――580個を0・50パーセント、すなわち2フラン90で。記録は1時間10分、達成率《リズム》は1時間2フラン45。じっさいは3時10分[65]から3時10分、つまり1時間40分だ。最初の100個をペンチでつまみあげようとして、ついで手でかき集めようとして、時間をむだにする。ここでも達成率をとぎれずに守れるのはごく稀であって、ともすると夢想に落ちこむ。[66]制御用の計器、5分で40個か45個を仕上げるも、つぎの5分では20個にとどまる。ついつい夢想に身をまかせてしまった。

中断——4時15分から4時半まで。

40分+30分+4時間15分+1時間+1時間10分+15分で、合計8時間**きっかり**[67]。(5時半)、元気よく、さっそうと帰宅。夕方、いろんな考えがつぎつぎ浮かぶ。——けっこうつらかったのに——とくにフライプレス機では——モンタナから帰ってきたあの月曜よりもずっと。「プリズュニク」での休憩は、この夕べの居心地のよさとなにか関係があるのか。

火曜［3月19日］。——8時15分に中断。

---

63 パリを中心に展開していた均一価格の商品を売る大衆的なスーパー。

64 パリの城壁跡(fortifs)とは多くがブールヴァールと呼ばれる並木のある環状大道路のこと。

65 3時10分ではなく1時半の誤記か。

66 1935年3月に書かれた手紙でヴェイユは「夢想」「思考」「達成率」に言及する。いわく、機械をあつかう作業は夢想にふけりながらこなせるものではなく、ましてや思考する余地など残されていない。自分は不器用で生まれつき動作が鈍く、考える癖がついているのが災いして、いまだに規定の達成率をまっとうしたことがない、など。

67 合計7時間50分にしかならないが、中断の15分を入れた8時間5分の端数を無視して「きっかり8時間」と計算したのか。

指状接触片《コンタクトフィンガー》の鉄 鋲《リヴェット》打ち、レオンといっしょに、夕方まで――500個を4フラン、12パーセント。注文票414・754、b・1。――開閉器《スイッチ》のために。電車《トラム》の装備品。初めのうちはのろのろと。シャテルにびくびくして、なにか失態をやらかすのではないかと不安。部品を仕損じるのが問題なのではない。最初の部品は仕損じた。4個の部品――指状接触片《コンタクトフィンガー》、2枚の小板《プレート》、10枚の金属箔の塊(ときに9枚しかない塊も)――を接合するのだ。大きいほうの小板の不均等な2穴に注意しながら、小さいほうの小板を、鋳張りを上にして、切断機の進行方向に差しこまねばならない。最初の70個は2時間(と思う)で仕上げる……。その後は夢想にふける。――午後になり(昼食と散歩で元気がでて)、ようやく一様の達成率《リズム》を維持するも、たえず操作の手順を自分にくり返さねばならない(鉄線――大きい穴――鋳張り――進行方向――鉄線……)。気が散らぬようにという以上に、ついつい考えてしまうのを妨げるために。これこそ速度をあげる条件なのだ。

思考に課せられるこの真空に、深い屈辱をおぼえる。ようやく速度をすこしあげる(最後には1時間3フラン以上にまで)。だが心には苦渋がこみあげる。

水曜[3月20日]。――**おなじ作業**を8時半まで。記録は7時間45分。――稼ぎは20フラン60(8時間15分で、つまり1時間2フラン50)。

「一様の達成率《リズム》」の維持はむずかしい。8時に終了すべきだったのに。

おなじ部品の**研磨**を3時45分まで。記録は5時間15分——稼ぎは13フラン50——注文票414・754、b・4、0・027パーセント。溶鉱炉の週にやった作業。ムーケにその作業をとりあげられた。出来がよくないとなじられて。かなりぶざまな手際だったのは事実。そんなわけで、懸念をもって始める。まずはじつにのろのろの歩み。カツゥはわたしを放ったらかして姿をくらます。部品を回転させる方向について、第1の発見をする。~~ベルトコンベア~~帯《リボン》が部品を運んでいく方向に、かつ帯《リボン》とは逆方向に引っぱりながら回転させる。かくて部品と帯《リボン》が接触しつづける（すくなくとも、わたしの推論では）。第2の発見（ずいぶんまえの発見だが、ここで応用した）は、ひとつの手は同時にひとつの操作に専念すべきことだ。左手で押さえ、右手で引っぱる。回転については、自分でやる必要はなく、帯《リボン》がやってくれる。達成率《リズム》については、初めは無理せずやってみるが、ひどくのろいのに気づき、「一様の達成率《リズム》」にむけてがんばる。しかし、いやでたまらず、うんざりする。おかげで、ちょっとした技倆を身につけた歓びも、まったく感じられない。正午、そそくさと「プリズュニク」で食事をし、飛行士たちのたむろする席の向かい側で、陽のあたる席に坐りにいく。無気力にうちのめされて坐りこみ、なかば夢想の状態で、思いっきりぐずぐずしながら、1時13分か14分に……工場にもどる。なんと門が閉まろうとしていた！

4時から4時半まで鉄鋲《リヴェット》打ち——翌日を参照。

支払は125フラン（うち4フランは前金）。前回の分は70フラン。つまり192フランを、32＋48＝80時間……で割ると、きっかり〔1時間〕2フラン40だ！

ポミエ[68]との会話。——彼はあらゆる工具類を知り尽くしている。

夕方、頭痛、心に苦渋をあたえる烈しい疲労。ほとんど食べない。わずかなパンと蜂蜜のほかは。眠るために風呂に入るが、頭痛のせいで、夜じゅう眼がさえて、ほとんど眠れない。朝の4時半、睡魔に襲われる。だが起きねばならない。半日休みをとるという誘惑を斥ける。

木曜〔3月21日〕。——終日、〔磁気回路の〕基盤の鉄鋲《リヴェット》打ち——700個を4時半に（8時間45分で）達成する——正午に出るときは元気いっぱいで——食後にどっと疲れる。夕方、疲れすぎて食べられず、ベッドに倒れこんだまま。しだいに甘美なけだるさ——快い眠り。

注文票421・121、b・3——1個0・056〔フラン〕——800個。記録は14時間15分。

終日、うつろな思考。鉄鋲《リヴェット》打ちに技巧は不要なので、さほど無理せずとも意志的に努力できる。それでも今朝起きたときは、頭痛のせいで、ついさぼりそうになった。

骨はおれるが「よい仕事」だという事実に励まされる。そしてまた——なによりも——ある種のスポーツ精神にのっとって。現実には、**延々とつづく仕事**。

金曜［3月22日］。——鉄鋲《リヴェット》打ちは終了。だが鉄鋲《リヴェット》の数がたりない（じつは機械の溝のなかに数個落ちている）。8時15分から8時45分まで、50個の継ぎ足しを0・54パーセントで。注文票の番号は？（たしか413・910）。記録は15分。座金、絶縁材《カルトン》、計測されず。作業の伝票番号は1747、注文票1415、記録は2時間（かかったのは2時間15分）——**頭蓋帽《キャロット》**型の金属部品。注文票412・105、b・1。0・72パーセント（ボタン式で）、400個。記録は3時間30分（退社時に終了できていなかったが、シャテルが残りをやってくれた）。1時間の損失。昨日、（遅れを挽回して）3時間を確保したので、残りは2時間だ。

イタリア人の女とムーケ。
「1時間4スー[69]……、それじゃ不足だというのかね、失業があたりまえのこのご時勢に？」

工具係（ムーケが会いにいき……）。

68　倉庫係のプロメイラのこと。
69　1スーは5サンチーム（100サンチーム＝1フラン）に相当するので、「1時間4スー」すなわち「1時間0・2フラン」はかなり低賃金の仕事である。

イリオンの考察。
「工場主《パトロン》はいつだって金持ちだろうよ……。こちとら、作業は急かされる一方だから、仕事がなくなっちまうのさ……」

通りがかった「J・P」[70]について、「いまでも、やつらの評判がいちばんましかな」

イリオンが解体した機械（組立の最中になにかを壊した）。
倉庫係。「調整工は制動機《ブレーキ》の使いかたを知らないのさ」「ボタンのとりつけかたも知らない――いつも短すぎて、弁《バルブ》が……」（どうなるのか？）

第17週「1935年3月25日から29日まで」

月曜「3月25日」。
8時までに**磁気回路**を終了――注文票20・154――残りはせいぜい25個ほど。とくに急ぎもせず、やすやすと働く。しかものろのろでもない。――記録は1時間。合計で6時間（伝票は渡されていない）。
「**継ぎ足し**」（四面の箱を成型する）。まるで捨値（0・923パーセント）、しかも50個！　注文票

413・910、b・1。――わたしの記録では30分。9時45分に終了。――2個の部品を同時に置かないことよ、とミミはいう。部品すべてに油をさす。――それから？

10時45分まで、レオンといっしょに、**銅合金の金属箔**の作業。鉄鋲《リヴェット》をとりつけているウジェニーの横で。注文票425・537、b・2――6個入200包――2・80フラン（パーセント）。――急いでやる（モンタナのあとの水曜は、100包仕上げるのに2時間もかかった！）。よって稼ぎは5フラン60。わたしの記録では1時間50分（伝票は〈流さず〉[71]）。ここでも、まずまず一様の達成率《リズム》をあげた。

プレス機で**金属の平鋼《バー》から部品を切り分ける**。いつかの水曜に、ルイゼットといっしょに操作したあの機械だ。止め金具にうまく当て、うまく平行にたもつ……速くはできない。1時50分までかかる。どうやら誤って長めに記録したらしい、1時間40分と。注文票4・009・194、b・97――346個を0・88パーセントで！（360個仕上げたと思ったが、金曜にカツゥが教えてくれたところでは、330個しかなかった！）。速度をあげる気など毛頭なかった作業。疲れており、単価の低さにやる気をなくしていたうえ、部品の切り分けはむずかしいという口実もあったので。

---

70 「J・P」は「愛国青年同盟Jeunesses Ptriotes」の略。1924年に誕生した左翼連合《カルテル・デ・ゴーシュ》に対抗すべく、1926年に既存の「愛国者同盟」青年部から独立し、左傾化を嫌うブルジョワ青年層を組織し、共産主義者にたいする突撃団を構成した極右団体。路上での派手な立ち回りで人気を博し、1934年には会員9―10万人（うちパリに6000人）を数えたが、1936年に消滅。

71 1時間50分で5フラン60だと時給換算で3フラン5（3フラン超）になり、伝票を〈流さず〉にすんだ。

1時45分から3時半まで**金属屑**（つまり1時間45分）。

ムーケ。ミミ（ジョゼフィヌ）との会話――若い母親。レオン。

金属屑の部署での会話。スゥシャルは粗野な男。ある日、ジョゼフィヌが〔……判読不能……〕してほしいと彼に頼みこみ、ムーケにも強制されて、やむなく応じた。ムーケは公平だが、気まぐれ。〈流れた〉伝票を……ときには……、ときには……と差配する。それも作業の難易度に応じてではなく！

おなじ伝票で、**おなじ部品**を三角形にする。いやでたまらず、速度が落ちる。

4時半に終了――記録は合計で3時間15分。

火曜［3月26日］。

15分間、金属屑。

止め金具への当てぐあいが精密さを要求する部品。ほとんど凹凸のない抜型《マトリス》（**導体用の2種合金**）をレオンといっしょに。注文票421・227、2100個をボタン式で、0・72パーセントで。記録は6時間15分。二度めに〔端子接続用の〕**圧着端子**《ターミナルラグ》を作ったときの、ジャコが調整できなかったあの機械だ。

30分間、金属屑（この2日で40分の損失）。

フライス盤工。

プロメイラ（ジャコと端子用の機械。調整工と機械）。

水曜［3月27日］。――30分間、金属屑。

7時半から8時15分まで**ピアノ**。注文票15・682、b・11、つぎに注文票15・682、b・8、2枚とも0・495パーセント――1枚めは180個、2枚めは460個。記録は25分、つぎに1時間15分。嘆かわしい遅さ。[72] 画家の恋人がいるあの女がやって来て……

鉄鋲《リヴェット》打ち。「支持台、下部全体」。注文票24・280、b・45、200個を0・10フランで（以前は0・028だった！）（スゥシャルの注文票なので暫定的な単価）――9時45分から木曜の朝まで。記録は合計で6時間15分。

72　2枚の伝票の時給はそれぞれ2・13フランと1・82フラン。

朝、75個、さらに7フラン50分《ぶん》仕上げる。

この日、**きわめて**烈しい頭痛。でなければ、もっと速くできただろうに。昨夜はちゃんと寝たのに、〔夜中の〕2時に眼がさめる。朝、家にいたいと思う。工場では、動くたびに痛む。ルイゼットが自分の機械のところから、わたしの調子がよくないのを見ている。


木曜〔3月28日〕。

45分間、金属屑。

注文票428・195、b・1——記録は2時間。


〔余白に〕腕で操作する機械。——座金の手順。


注文票23・273、b・21、198個（すべて勘定ずみ）を1・008フラン、1・008パーセント（時間？ 2時間だと思う）。——座金。10000個を7フラン50で、記録はこの日1時間30分。1時間45分の損失。

腕で操作する機械。2本のレバーのうち1本は、他の1本が下がらないようにする安全レバー。なんの役にたつのか理解できない。倉庫係の説明をうける。——【デカルトとタンタロス！[73]】。

穴あけ係の女工、9歳の男の子を更衣室において。この子もやがて働くのか。――「働けるほど大きけりゃいいんだけどね」と母親。――おまけに、夫が病院から送りかえされてきたとか。たいした手当もできないからと（肋膜炎と重い心臓病）。10か月の娘までいる……

金曜［3月29日］。――やっつけで座金を終了。検査してみると、多くが仕損じだと気づく。できるだけ「放っぽりだす」も、内心びくびくする。わたしの記録では10000個、「放っぽりだした」分を抜きにしても、すでにたりない。2時間30分なので、伝票は〈流さず〉にすむ。

8時から9時まで金属屑。

---

73 デカルト『精神指導の規則』規則第13に、水を唇につけんとする瞬間のタンタロスの像の例が提示される。「甕の真中には柱が立っていて、その柱の上に、タンタロスの彫像が水を飲もうとする姿勢で置かれていた。そしてこの甕に注がれる水は、その水面がタンタロスの口につく程高くならない限り、まことによく保たれているが、この不幸な者に達するや否やただちに全部流出してしまうのであった」。この比喩の意図を読みとくために、「問題を完全に理解したならば、それをすべての不必要な表象から分離し、最も単純なものに帰着せしめ、枚挙によって、できる限り小なる部分に分割すべきである」という規則第13をあてはめると、永遠の水の渇きに苦しむタンタロスをめぐる神話的饒舌は分離して削除すべき「不必要な表象」にすぎず、むしろ一定の高さでかならず水を流出させる甕の仕掛《メカニズム》にこそ注目すべきだという結論が導かれる（デカルト『精神指導の規則』野田又夫訳）。おなじく自分の操作する機械の13や用途を理解するなら、機械は謎めいた神話でも悪意の表象でもなくなる。

9時から10時半まで、楽に作れる部品。注文票421・324、500個の伝票なのに、464個しかない。ロベールに伝票を手渡す。支払は0・61パーセント。記録は1時間（伝票を〈流す〉）。機械相手に四苦八苦するロベールを眺めながら、30分以上は損をしたと思うから。弁《バルブ》が開かなくなる（あとでプロメイラが来て、角の部品が1個ないと気づく）。わたしが来たとき、彼はまだその場にいたが、わたしのために中断はしない。こういうことが何度もくり返される。この過程に担当の女工は（めずらしく）ほんのすこし興味を示した（知らない人だが、ちょっと乱れた褐色の髪で、感じがいい）。

10時半から4時半まで、金属屑——運がいい、言葉に尽くせぬほどありがたい休息。午後、ついに坐ることもできた——レオンの溶鉱炉で、2時まで、ほんの200個を**焼きなまし**ただけ。——記録は50分、1個0・021（パーセント）。つまり稼ぎは4フラン20（だが焼き直しは充分か）。50分以上を記録する勇気はない。計算する時間もない。とすると、ああ、1時間5フランぽっち。伝票の達成率《リズム》を下げてくれるだろうか。それとも、待って、すくなくとも1時間と記録すべきだったか。いずれにせよ、合計で25分の損失。

シャテルは愛想がいい——わたしを完全に自由にさせてくれる——死刑囚みたいな扱い……

ネネットが急に真顔で。「あんた、仕事を探すのかい、かわいそうなシモーヌ！」——来週は彼女も自宅待機になるのに。「うまくやるのは無理だね」。わたしがルイゼットに考えを伝えると、[74]ルイゼットはいった。自宅待機だけは勘弁してほしいというネネットの願いを、ムーケは断ったんだってさ。フォレスティエ夫人は2年まえに認められたそうだけど、あれは上からの命令だったと聞いたよ。

ロベールと機械。

74　自宅待機や職探しが話題になったとき、ヴェイユは仕事を辞める気だと仲間に告げている。アルストン社を自主的に辞めたのか首になったのかは不明だが、ペトルマンは3つの理由でヴェイユは退職を希望したと示唆する。1　べつの工場で働いて経験の幅を拡げるため。2　保護者もなく、自分を知る者もない工場で、通常の手続で雇われて働くため。3　あまりに低い達成率《リズム》にもかかわらず首にならないのは変だと周囲が訝るのを避けるため。

2 週間分

〈流した〉伝票

番号	単価	時間
–	–	–
907.405　座金 L	1. 12 フラン	40 分
	［Ψ［81］が理由で〈流す〉］	
	0.95 フラン	30 分
同上　平板 L		
	8.90 フラン	4 時間 15 分
420.500　［平］板、分路《シャント》L		
406.426　ソケット R	2.90 フラン	1 時間 10 分
414.754　指片 L	20.60 フラン	7 時間 45 分
同上 指片（研［磨］）Q	13.50 フラン	5 時間 15 分
413.910　頭蓋［帽型《キャロット》］I	0.27 フラン	15 分
412.105　頭蓋［帽型］I	2.88 フラン	3 時間 30 分
413.910　頭蓋［帽型］I	0.46 フラン	30 分
*****		
4.009.194　穿［孔］L	2.90 フラン	3 時間 15 分
421.227　2 種［合金］L	15.12 フラン	6 時間 15 分
15.682　ピア［ノ］B	0.89 フラン	25 分
同上　B	2.30 フラン	1 時間 15 分
428.195 手動［機械］L	2.80 フラン（?）	2 時間
23.173 手動［機械］I	2.14 フラン	2 時間（?）
421.342 手動［機械］R	2.83 フラン	1 時間
	80.55 フラン	300 分
		35 時間5 時間
		40 時間

加算すべきは：

1.415　?　2 時間

（作［業］伝［票］1.747）

80.50 フラン

82.10 フラン

162.60 フラン、65 時間 45 分の仕事にたいして

157 | 64
290 | 2.45
340
20

163 | 66
310 | 2.4766
460
440
24

時給仕事 注[文票]20.154—1時間 (合計で6時間)		〈流さなかった〉伝票		
金属屑		番号	単価	時間
–		–	–	–
1時間		421.121 (基盤R)armatures R	44.80フラン	14時間15分
	15分	24.280 (基盤R)support R	20フラン	6時間15分
1時間	15分	?	7.50フラン	2時間30分
1時間	45分	(座金I)		
	15分	408.294 (溶鉱炉L)	4.20フラン	50分
			76.50フラン	22時間110分
	30分			
	30分			
	45分			23時間50分
1時間		忘れた：		
1時間	15分			
2時間	30分	425.537	5.60フラン	1時間50分
	240分		82.10フラン	25時間40分

7時間(60×4)
7時間＋4時間＝11時間

12時間

どの伝票が〈流さず〉におくべきだったのか．歪み取りの分(しかし……)—ソケット，可動指片(すぐに適切な体系《システム》を体得していたら……)，研磨(これが2度めでさえなかったのなら)，ピアノ—(ここでは頭痛に責任がある)．Δ《デルタ》部品(解雇通告に意気消沈して)．75

今後は，安全に，かつ最速を達成すべく，体系《システム》を探しだす．その後，一様の達成率《リズム》をめざす．

20分不足

だが，回路(？)分として3フランを，頭蓋帽型《キャロット》の分として5フラン50，さらになにかの分をかき集めて1フラン50，つまり合計10フランを加算するなら，65時間で167フラン，1時間2フラン55程度を稼ぐわけか……

この65時間分の170フラン，これに11時間の金属屑と2時間の絶縁材《カルトン》の32フラン50を加算し，遅れてしまった回路の5時間分つまり15フランも加算するなら，合計217フラン50になる．さらに社会保険の天引！

銅合金の金属箔の6フランを167フランに加算すると173フランになる．合計でおそらく223フランになり，うち209フランはこの2週間分に該当するはず．

総体的にみて，賃金の枠内でこれと感知できる進歩はない……76

第18週［1935年4月1日から2日まで[77]］

月曜［4月1日］。

9時まで**焼きなまし**。10枚1組の板（コイルの止め金）、200組を0・021で（［注文票］421・263、b・21）。

心棒、180本を0・022で——［注文票928・494、b・48］——記録は1時間15分と1時間。

フライプレス機。時計の〈側《ケース》〉の寸法矯正《サイジング》[78]（2日めのように？）、［注文票22・616、b・17、2枚の伝票］、116個を0・022パーセントで——操作の一方はむずかしく、他方はたやすい！［手で小型工具を使う］。——50分かかる（11時半に終了）。

小型部品、［注文票］421・446、400個中150個を0・62パーセントで、合計0・90フランになる——記録は15分。烈しい腹痛——医務室へ。がんばろうと試みるも詮なく、2時半に退社。6時ごろまでぐったり虚脱。その後は疲れも消える。

火曜［4月2日］。

端子、240個を０・５３パーセントで［注文票４０９・１３４、４０９・３３２］。
座金、４２１・４３７、ｂ・１——０・５６パーセント865個、記録は１時間15分——圧着端子《ターミナルラグ》用のプレス機。

連結装置の導子《ガイド》、［注文票１２・２７０、ｂ・68］、１・４２フラン（パーセント）、150個。——ロベールのプレス機〔彼も休みをとらされて〔釣りにいかされて〕いた、ビオルを道連れに〕——つづけて二度ペダルをふんで、型抜きする平鋼《バー》。二度ふむのは、工具にしかるべき長さがたりないせいだ。平鋼は平らではない。）の形で押しこむなら、かんたんに押しこめるが、引きだすのはまず不可能だ。だから（の形で押しこむのはむずかしいが、引きだしやすい。ビオルは第１の方法を奨め、〔ビオルを鼻であしらう〕プロメイラは第２の方法を奨める——ムーケがやって来て——わたしに第１の方法をやらせ、引きだすときのコツを教えてくれる〔プロメイラによると、ムーケは「彼女に教えてやるのさ」といっ

---

75 いかなる条件がそろえば伝票を〈流さず〉にすんだかの検証。研磨作業は二度めでなかったなら〈流す〉のもやむをえなかったが、ピアノ作業のときも頭痛がなければ〈流さず〉にすんだはずという意味か。

76 この表は2週間分の予定賃金の計算書〔時制は未来形〕。伝票を〈流す〉比率は高く、達成率は一様に低い。

77 「工場日記」によるとアルストン社での就労は4月2日の火曜日までだが、就労証明書には１９３４年12月4日火曜日から4月5日金曜日までと記載されている。最後の2日間の達成率はかなり低く、計算は精確さを欠く。

78 「時計の〈側〉」とは、懐中時計や腕時計などのダイアルやムーブメントなどを収める外装部品で、時計の胴体部分をさし、ケースとも呼ばれる。「サイジング」とは、粉末冶金で焼結した部品をふたたび型に入れて、寸法を矯正する作業。

たそうな)。初めのうちの操作はひどくぎこちない。梃子の原理を思いだすべき……

おそらく初めてのことだが、1時15分に気分よく工場にもどる——わたしにたいするムーケの話しぶりのせいもある。

「うまくいかない」困難な仕事をするのは愉しい。1時15分、うまくいかない仕事でも、それほど厄介ではない、とプロメイラにいう。「そうだな」と彼。わたしは手を擦りむく(たちの悪い切傷[79])。ありえない達成率《リズム》の問題。伝票すら考慮されないのだから。ムーケのまえだと「一様の達成率《リズム》」を苦もなく維持できることに気づく。彼がいなくなるや、できない……。彼が職制だからではない。だれかに見られている、だれかがわたしを待っている、からだ。

仕事がうまくいかなくても、深いところで充足感を得る……ムーケ。
あきらかに苛酷かつ抵抗しがたい抑圧は、直接的な反動として、叛逆ではなく屈従を生みだす。
アルストンで、わたしはめったに逆らわなかった、日曜をのぞいては……
ルノー[80]では、よりストア派的な態度をとるにいたった。屈従を受容におきかえること。

金属屑、2時半から3時15分まで。

ピアノ、344個の金属板を0・56パーセントで[注文票508・907、b・10]、記録は50分。

導子《ガイド》（?-）、［注文票］　40・009・195、1時間。

夕方、疲れはない。美しい太陽と涼やかな風に誘われて、ピュトーに行く[81]——地下鉄《メトロ》、相乗りタクシーで。オルレアン通りまでバスで。心地よい——B[82]の家に行く。寝るのが遅くなる。

79　ペトルマンによれば、保険会社の4月5日の記録には、ヴェイユが就労中に負傷をし、アルストン社専属医の治療をうけるべきと書かれている。この負傷もアルストンを去る引金になったと思われる。

80　この箇所が書かれたのは時期的にずっと後になる。すでにアルストンを退社してルノー工場で働いた経験が語られている。

81　ピュトーはパリの西部の都市。第一次大戦前はキュビスムの一派ピュトー集団の根城として、第2次大戦後は再開発地区「ラ・デファンス」で有名。

82　ピュトーのオルレアン通り22番地に住んでいた「B」、ボリス・スヴァーリン。スヴァーリン（ゾラ『ジェルミナル』に登場する無政府主義者《アナキスト》から）の本名はボリス・リフシツ（1895―1984）。キエフ出身のユダヤ系ロシア人の両親とともに1898年頃フランスに亡命し、1909年にフランス国籍取得。モスクワに渡り、トロツキー支持を表明して反体制派の烙印を押され、フランス共産党からも除名される。フランスに帰り、『プロレタリア革命《レヴォルシオン・プロレタリエンヌ》』の寄稿者となる。1929年、第三インターナショナル再建を信じるトロツキーとも訣別し、『社会批評《クリティック・ソシアル》』を主宰する。ヴェイユは1932年末か1933年初めに彼を知り、工場就労期は毎日のように手紙を書いた。その大半が戦時中に書類とともにドイツ秘密警察《ゲシュタポ》に押収された。

職を求めて

月曜［4月8日］。——ひとり——イシーで。マラコフ[83]も。つまらない。特記なし。

火曜［4月9日］（雨ふり）、ある女工と（13歳の男の子をまだ学校にやっていると話してくれた。「そうでなきゃ、あの子、どうなります？　あたしらとおなじで、苦しみぬくだけですからね」）。

水曜［4月10日］（すばらしい晴天）。ふたりの調整工。うちひとりは18歳。もうひとりは58歳。とても興味をそそるが、きわめて控えめな人。あらゆる面からみて、一人前の男。ひとり暮らし（妻に捨てられた）。「アングルのヴィオロン[84]」とやらで、写真が余技。「やつらは映画をトーキーにして、映画の息の根をとめちまった。ありのままの姿で放っておけばよかったのに、つまり写真術の最高に美しい応用ってやつでさ」。戦争の記憶を、独特の口調で語る。とりたててどうってことはない、似たり寄ったりの生について、語るかのように。たんに、もっと苛酷で、もっと危険な仕事（彼は砲兵だったとか、さもありなん）について、語るかのように。「これまで一度だって怖くなったことはない、なんてことをほざくやつは、大嘘つきさ」。だが彼自身は、ひそかに恥じねばならぬほど怖がったことはない、らしい。労働について。「ここのところ、熟練工にはますます多くが求められるようになってきてね、技師の知識が要るくらいだ」。――わたしに「展開型」の話をする。まず平たい金属板の各寸を測り、そこから曲線や断線だらけの部品を作らねばならない」

【〈展開型〉とはなにかをできるだけ詳細に知るべく努めること】。

彼はあるとき試作品でしくじったことがあった。わたしの理解できたかぎりでは、直径をπ〔円周率〕で乗じるのを忘れたせいで。

彼の年齢になると、と彼はいう、仕事をする気がうせると（その仕事も、若いころは、情熱的に興味がもてたものだ）。仕事そのものというより、人にこき使われる状況がいやなのだ。金属板にしても……。「自分のために働けるといいんだけどね」。「なにかほかの仕事がしたいな」。〔単葉飛行機の工場〕レ・ミユローで働いたこともあるが、いまは何枚も伝票を〈流し〉、なかば首を洗って待っている（イチからやり直し）。管理局や時間制についての嘆き節。「連中にゃ理解できないのさ」。現場監督《コントルメトル》と口論した。7分で仕上げるべき部品なのだが、14分かかった。現場監督はお手本とばかりに7分で仕上げてみせる。だがね、と彼はいう、ひどい出来だった――（ということは、大量生産の仕上げ処理なのか）。

彼のこれまでの仕事の話。ちょろい仕事。織物工場で整備士《メカニシアン》だった。「あれは、夢みたいだったよ」。

83 イシー〔現在のイシー＝レ＝ムリノー〕はパリ15区に接する都市、マラコフもパリ14区に接する都市。失業者となったヴェイユは職探しにかの地にある工場を回った。

84 新古典主義の画家アングルはパガニーニと弦楽四重奏団を結成するほどのヴァイオリンの名手でもあった。ここから「アングルのヴィオロン」とは「本職に優るとも劣らない玄人はだしの余技」をさす。

「内職して」時間をすごしたんだからね。あきらかに、奴隷のみじめな境遇には思いいたらなかったのだ。どこか世捨てびとを気どる。が、まちがいなく、心のやさしいひとだ。朝じゅう、すばらしく自由に、穏やかな気持で、三人で言葉をかわす。奴隷たち、とりわけ女たちにとって、なにより気になる、日々の生の悲惨さをも乗りこえた水準の会話。アルストンの後で、なんたる心の安らぎ！

若者のほうも興味をそそる。サン＝クルー公園[85]沿いに歩きながら、彼はいう。「うまいことといってればなあ（それどころじゃない、かわいそうに、すきっ腹だってことは……）、絵を描くんだけど」。「だれにだって、関心のあることって必要があるよね」。「わたしのは写真だな」と年配のほうがいう。若者がわたしに訊く。「で、あんたは、なにが好きなのさ」。わたしはどぎまぎして答える。「読書かな」。「うん、わかるな。小説とかじゃなくて。どっちかっていうと哲学的なもの、だよね」。それからゾラとかジャック・ロンドン[86]とかの話をする。

あきらかに、ふたりには革命的な傾向がある（ひどく不適切な語――いや、むしろ階級意識と自由な人間の精神がある、というべきか）。だが国防の段になると、たがいに意見があわない。それにわたしも固執はしない。

まったき仲間意識。じっさい、わたしの生涯においてもはじめてだ。障壁はない。階級の違い（もはや存在しない）も性別の違いもない。奇蹟だ。

グレゴリオ聖歌が聴けるかと（愚かにも）期待した教会からの帰り、たまたま小さな織機展示会に行きあたる。しかも**運転中**のジャカード織機が眼に入る。かつてあれほど熱心に、ただしその仕組を学ぶこともなく、国立工芸［学校］でじっと眺めたあの織機だ。いそいそと展示場に降りていく。わたしが興味津々なのをみて、職工があれこれ説明してくれる（帰りがけにクラクサン酒を2杯もおごってくれる。わたしにいたく興味をもったらしい！）。職工はなんでもこなす。紋紙《カルトン》（布地ではなく**紋紙**《カルトン》の図柄にしたがって——彼によれば、紋紙《カルトン》?の図柄を自分でみつけ、紋紙《カルトン》上で布地?の図柄も読みとれるそうだ。だが、紋紙《カルトン》の上で布地に織りこむべき**文字**も読みとれるのかと、わたしが訊くと、——ためらいがちにではあるが、——できるよ、ただしスラスラとはいかない、と答える）。機械の組立も（あらゆる織糸を過たず配列する……このうえなく繊細な作業）、——また機織も、杼《ひ》をあやつり、ペダルをふんで操作できる。も

85 サン＝クルーはパリ16区に接する古い都市。その名を冠する広大な公園はパリ郊外有数の遊歩道。後出の「ポルト・ドゥ・サン＝クルー」は地下鉄《メトロ》9号線の駅名。

86 ドレフュス派の論客でもあったエミール・ゾラは炭鉱夫の悲痛な運命を描いた『ジェルミナル』（１８８５）で、ジャック・ロンドンはなかでも反ユートピア小説『鉄の踵』（１９０８年刊行、後年トロツキーやアナトール・フランスが序文をよせた）で、それぞれフランス左翼には人気があった作家だった。

ちあがった針と糸のせいでペダルはひどく重いが、ちっとも疲れない、と彼はいう。わたしはついに仕組を理解した、――おおよそだが――紋紙《カルトン》、針、糸の関係性を。どこの機織工場にも、商品見本を織るためにジャカード織機が1台ある、と彼はいう。だが、そのうち消えてしまうと思っている。職工は自分の知識が誇らしくてたまらないのだ……

第2の工場、4月11日木曜から5月7日火曜まで[87]
バス＝アンドル鉄工所、カルノー工場
ヴィユ＝ポン・ドゥ・セーヴル通り
ブーローニュ＝ビヤンクール[88]

第1日［4月11日木曜］。ゴーティエの作業場《アトリエ》。油のブリキ缶［つぎにガスマスク］（どれも厳密に専業化された作業場）。流れ作業[89]と数台のプレス機。プレス機をあてがわれる。の部品に型打ちしてに加工する。点は方向を定めるのに役立つ、――小型プレス機、ペダルは軽いあまい。この点が気になってしかたがない。勘定せねばならない（ここでどういう監査がおこなわれるかわからなかったので、良心的に勘定したけれど、そんな必要はなかった）。――きちんと並べ、50個ずつ勘定する。それから大急ぎで仕上げる。最大限とはいかぬまでも、がんばって、1時間400個を仕上げる。おおむねアルストンでよりも無理をして働く。午後になると、ペンキやニスの臭いが混じり

こんだ、息のつまる雰囲気のせいで、疲れもひどくなる。——この調子《テンポ》を維持できるかを自問する。だが4時に、現場監督《コントルメトル》のマルタン（物腰も声も柔らかな伊達男）がやって来て、丁重な口調でいう。「800個仕上げてもらえないと、いてもらうわけにはいかんので。残りの2時間で800個ずつ仕上げてもらえるなら、**まあ、いてもらってもいいですが**。1200個仕上げる人さえいるもんですからね」。怒りを胸に押しこめて、必死にがんばり、1時間600個に達する（勘定をちょっとごまかし、部品の方向も適当にやっつけて）。5時半にマルタンが勘定書《コント》をとりに来て、「まだ充分ではない」という。その後、わたしに他の女工の部品整理を手伝わせる。当の女工からは、挨拶のひと言もなく、笑みのひとつも返ってこない。6時に、積もり積もった怒りと寒さとに苛まれながら、作業長《シェフ・ダトリエ》の事務室に行き、単刀直入に訊く。「わたしは明日の朝も来るべきですか？」。作業長はかなり驚いたようすで、「とにかく来たまえ。ようすをみてみよう。ただ、もうすこし速くやってもらわないとね」。わたしは「努力します」と答えて去った。更衣室で、ほかの女工たちが、わたしとおなじ怒りをかかえているとは思えず、ぺちゃくち

87　この手稿から偶数頁が事実関係、奇数頁がその考察という区別は、以前ほど明確でなくなる。事実と考察がつづけて記され、日付の記入、作業内容、時間給の計算等も以前ほど詳細ではない。

88　ブーローニュ＝ビヤンクールにはヴェイユの第二の職場カルノー工場だけでなく、第3の職場ルノー工場も同地域にある。カルノー工場では1935年4月11日から5月7日まで1か月近く働くが、今回の職場はかなり大規模で不衛生な作業場だとスヴァーリンへの手紙に第一印象を記した。

89　この工場でヴェイユははじめて流れ作業の実態（とりわけ作業速度が労働者への断りなく管理側によって自由に設定されるなど）を知るが、自身は流れ作業ではなくプレス作業をあてがわれる。

ゃお喋りに興じているのに、びっくりする。それでも、彼女らが工場から出ていく動きはすばやい。終業ベルが鳴るまでは、まだ何時間も残っているかのように働くが、そのくせ、ベルの響きが鳴りやまぬうちに、全員が発条《バネ》に弾かれたかのように立ちあがり、退出記録をつけに走り、更衣室にかけこみ、かわす言葉もそこそこに、さっさと着替え、自宅へと急ぐのだ。わたしはといえば、疲れてはいても、すがすがしい空気を吸いたくて、セーヌ河まで歩いた。そこで河岸の石の上に坐りこむ。鬱々と、疲れはて、無力な怒りに胸をしめつけられ、生の実態をすべてからっぽにされた気がした。ずっとこの生を送るべく定められたとしたら、毎日のようにセーヌ河を渡っていながら[90]、いつの日か、河に飛びこまずにいられるかどうかを、自分に問うてみる。

翌朝、あらためて自分の機械にとりくむ。必死に全力をふりしぼり、1時間630個を達成する。ゴーティエに伴われたマルタンが近づき、唐突に「やめろ」という。わたしは作業をやめるが、相手の意図を測りかね、機械のまえに坐ったままでいる。それだけで充分に罵倒にあたいする。なぜなら、職制に「やめろ」といわれたら、察するに、ただちに命令にしたがって立ちあがり、職制が示すあたらしい作業に即刻かかる気構えをみせねばならぬからだ。「ここは寝るところじゃない」。（じっさいこの作業場《アトリエ》では、1日9時間のうち1秒といえども、仕事についやされぬ1秒は存在しない。女工が作業から眼をあげたり、たがいに言葉をかわしたりするのを、ただの一度もみかけたことがない。この職場で唯一けちけちと節約されているものが、女工の生の1秒1秒であるのは、付言するまでもない。それ以外のところでは、浪費や転売用の横流し[91]があふれかえっているというのに。わたしの知るどの職制も、ムーケとは似ても似つかない。ゴーティエの作業場では、職制の仕事はもっぱら女工を急《せ》かせることに尽きるらしい）。べつな機械〔を〕~~のなかに~~あてがわれる。[92] この機械を使って、裏が金色、表が銀色に塗られた、薄く柔らかい金属ベルトに穴をあけるのだが、2枚を同時に置かないように注意しながら、「全速力で」やらねばならない。だが、ベルトはくっつきやすい。はじめて2枚いっしょに置いたとき（おかげで機械が停止）、調整工がようすをみにきた。二度めのときはマルタンに知らせると、機械が調整されているあいだ、わたしに最初の機械で作業をさせた。1時間約640個……。11時、にっこり笑う女に、べつの作業場に連れていかれ、作業場の横の、明るい広い部屋に入る。作業場では、ひとりの工員がべつの工員に、圧縮空気吹付器《エア・スプレーガン》でどうやってニスを塗るかを教えていた……

〈初日の8時、職業紹介所に行ったときの印象を記すのを忘れていた。わたしは——びくびくしてはいたが——うれしくもあり、工場に感謝したい気持だった、なにせやっと失業から抜けだせるのだから。5、6人の女工がいたが、彼女らが鬱々としているのに驚く。尋ねてみたが、たいした反応はない。ようやくわたしは理解した。くだんの工場は徒刑場にひとしく（むちゃくちゃな達成率《リズム》、惜しげもなく切

---

90 昼休みには工場から徒歩圏のセーヌ河岸で休んでいた。また、セーヌ右岸にある工場と左岸のルクールブ通りの部屋を往復するには、地下鉄《メトロ》にせよ徒歩にせよミラボー橋を渡らねばならない。

91 「coulage」は「浪費」「横領」「盗み」とも訳せるが、日記に頻出する伝票を〈流す〉を意味する「couler」の名詞形なので、ここではあえて「横流し」と訳した。

92 「機械を（à）あてがわれる」ではなく、手稿では「機械のなかに（dans）あてがわれる」と誤記されている。

断される指、臆面もなく宣告される首切り）、彼女らの大半はそこで働いた経験があったのだ――秋に路上に放りだされたか、自分から逃げだしたかはともかく、――にもかかわらず、怒りを胸にかかえこみ、馬銜《はみ》を噛みながら、そこへもどろうとしているのだ、と〉。

〔工場の〕門は定時の10分まえに開く。といっても、たんなる言葉の綾だ。それ以前も、大門のなかにある小さな戸は開いている。第1鈴で（5分間隔で第3鈴まで）小さな戸が閉じて、大門の半分が開く。驟雨の日に「門が開く」まえにやって来た女の一群が、第1鈴を待って、開いている小さな戸のそばで雨中を立ちつくすさまは、じつに奇妙な光景だ（定時にしか入れない理由は、たとえば食堂で盗みがあったりするから、だとか）。抗議の声もあがらず、なんの反応もみられない。

元気で生き生きと健康的なかわいい娘が、ある日、10時間働いたあとに、更衣室でわたしにいう。「こんなのうんざりだわ。早く7月14日[93]が来ないかな、がんがん踊るのよ」。「10時間も働いたあとで、踊りたいと思うもの？」とわたし。「そりゃ、そうよ！　夜通しでも踊るわよ……」と笑いながら彼女。それから真顔で、「じつは5年も踊ってないの。だれだって踊りたいじゃない。だから、洗濯物のまえで踊るわけよ」

もの憂げに力なくほほ笑む女が二人か三人いる。ほかの女工たちのような俗っぽさがない。そのひとりが、調子はどうですか、と訊く。いまいる場所はわりと静かだと答えると、彼女は穏やかでもの悲しいほほ笑みをうかべ、それはよかった、このままでいくといいですね、と答える。似たようなことが、あと2回ほどあった。

この生において、苦しむ人びとは嘆くこともできない。他人に理解されぬだけではない。苦しんでいない人びとからは嘲られるかもしれず、苦しんでいるが、自分の苦しみだけであっぷあっぷの人びとからは、めんどうくさいやつだと思われる。稀なる例外をのぞき、いたるところで職制からは、あいも変わらぬ無情な仕打ちをあびる。

ニス塗り。五人の工員を観察。大工――わたしの友だちのトラック運転手。「下にいる男」(錫めっき)が班長みたいなもの。電気工はかつての海員登録者(彼が通りすぎるとき、わたしとわたしの友だちは、海からの息吹を感じる)。整備士《メカノ》(残念ながら、ほとんど姿をみない)。
【註記。性別による分断。男による女の蔑視、女による男への遠慮(猥雑な冗談をやりとりする割には、よそで働く工員よりもあからさまだ】

女工たち。そのひとりが以前は型抜き作業をしていた。7年まえに(1928年だから好況の真っ盛り)卵管炎を患ったが、何年もかかってようやく、プレス機から他の部署に移動させてもらうが――そのころにはお腹が救いがたくぼろぼろになっていた。そのときの事情をいかにも苦々しく語る。ただ、職場を替えるという発想にはいたらなかった――好況の当時なら、かんたんにそれができたのに!

93 フランス革命を記念する祭日の「パリ祭」。

ふたたび、仕事を求めて

5月7日火曜に解雇[94]。水曜、木曜、金曜は、頭痛のせいで、陰気な虚脱状態ですごす。金曜の朝、気力をふりしぼって、ドトゥーフに電話するのに間にあう時間に、やっとこさ起きあがる。土曜と日曜は休息。

［5月］13日、月曜。——ルノー工場のまえで。三人の男のかわす会話を耳にする。最初は熟練工かと思った。抜けめないようすで聞いていた男（繊細な顔立ち）は職にありついたので、その後は会っていない。年配の労働者はプレス機専業の未熟練工[95]で、いかにも労働者らしい褐色の顔つき——だが、隷属状態にあるせいで知的に鈍くなっている。古いタイプの共産党員《コミュニスト》。彼いわく、連合労働組合《サンディカ》を作るのは雇い主だ。で、雇い主がおれらの職制を選ぶわけだが、この職制連中ときたら、なにかまずいことがあると、雇い主に「このままでは、やつらを抑えきれません……」と泣きつく。「自分でおれにそう白状したやつさえいるんだぜ！」そのあと、職制は労働者たちにいうのさ、「失業があるときにストを打ったって、うまくいきっこない。あんたらが苦労するだけだ」とかね。——ようするに彼は、うまく潜入した党の大物《ボンズ》どもが企んだ愚挙の数々を、くどくどと並べたてたわけだ[96]。
三人めは建設作業員で、労働組合主義者《サンディカリスト》の傾向がある（リヨンでも働いた）、感じのいい男だ。

［5月］**14日、火曜。**――朝、無気力。午後、サン＝トゥーアン（リュシェール[97]）。その働き口は埋まっていた……

94 ヴェイユはこの工場にとどまるつもりだったが、5月7日に理由も告げられず一方的に解雇された。作業長に解雇理由を訊いたが、「あんたに報告する義務はない」との返事だった。プレス作業をしていたにもかかわらず、就労証明書には「包装係」と記載してあったのは、技能的にプレス女工とは認められていなかったということか。

95 「専業の未熟練工 manoevre spécialisé」とは限定的な専門技能を有する「単能工」の同義で、専門技能のない「未熟練工」と、汎用的な専門技能と職業適格証ＣＡＰを有する「熟練工 ouvrier professionnel」との中間的存在。ヴェイユの観察によると、女性はもっぱら「未熟練工」のみで「熟練工」はいうにおよばず「専業の未熟練工」も存在せず、男子工員よりもさらに物理的にも精神的にもさらに劣悪な環境にあった。

96 １９２５年以来、ソヴィエト共産党は、共産党の指導的役割を軽視し、労働者独裁に疑義を呈した廉で、フランス労働組合主義（サンディカリスム）（その代表が『プロレタリア革命《レヴォルシオン・プロレタリエンヌ》』誌につどう反体制派）を弾劾していた。この流れでソヴィエト共産党を盟主と仰ぐＣＧＴＵ（フランス共産党系の統一労働総同盟）がＣＧＴ（フランス社会民主党系の労働総同盟）を「修正主義者・改良主義者」との非難を浴びせていた（訳註**30**を参照）。「古いタイプの共産党員《コミュニスト》」の多分に妄想をまじえた言い分によると、雇用主が選ぶ労働組合の担当者（職制）はＣＧＴの「日和見主義者」であるから、デモを打とうとする労働者をなにかというと止めさせようとする。ＣＧＴの連中は労働者ではなく雇用主の味方なのだ。この図式は労働組合に「うまく潜入した党の大物《ボンズ》」つまり共産党幹部（往々にしてＣＧＴＵの幹部も兼任）によって吹きこまれたものだ、とヴェイユは推察している。ヴェイユ自身は組合の分裂は労働者にとって百害あって一利なしと考え、両者の統合に尽力した。

97 サン＝トゥーアンはパリ17・18区に接する都市、リュシェールは１９８７年にフランス国営軍需会社ＧＩＡＴに吸収された軍需工場。

［5月］**15日、水曜**。――ポルト・ドゥ・サン＝クルーへ行く。ドトゥーフに電話する時間だ。ルノー工場やサルムソン工場に行くには遅すぎる。コードロンに職探しにいく。[98] 門のまえに、半ダースばかりの熟練工たちがいる。みな航空関係の身元保証書付きだ。航空関係の木工職人、調整工……。ふたたび、おなじ決まり文句のくり返し。「連中の求める熟練工なんて、そんなのいるもんか。もう、どうにもならんね……」。またしても例の話、〈展開型〉の問題だ。わたしの理解するかぎりでは、2種類の試作方法があり、「蟻継ぎ」[99] （ほぼこんな感じ）は、金属板のなかに**精確に**ぴったり嵌まらねばならない。金属板に鑢《やすり》をかけるのは許されないのだ。もう1種は〈展開型〉である。調整工には芸術的な資質が要る、と思う。

仲よくなった工員。外見は、いかつい粗野な男。びっくりするほど立派な資格証明書。国立工芸学校（19歳まで実習生だった）の推薦状には、「当職の誇りたるべき整備士《メカニシアン》」とある。バニョレ[100]に住んでいるので（小さな家にひとりで?）、仕事を探すのにも厄介がつきまとう。8時間以上の労働を拒むのにも説明はつく。だが、それだけが理由ではあるまい。ルノー工場では10時間だ。彼には長すぎる。汽車に乗ったりなにやかやで。「日曜は休むために寝てすごすのさ」（ちまちま小金《スー》を稼ぐのは二の次なのだ）。さらに彼はいう。「1日5時間、それで充分だ」。一度ならず、現場監督《コントルメトル》[101]をやった（証明書の裏付けがあったから）。いわく、「おれは革命的すぎるんだな、労働者にガミガミいえなくてね」。その後の態度をかんがみるに、わたしのことを誤解したらしい。別れるときに、「いやじゃないよな」といい、わたしの家に来るという、翌朝、ルノー工場のまえではなく……。翌日、扉を叩く音。わたしは寝ていて、開

けなかった。彼だったのか？ もう彼について聞くのもいやだ……[102]

べつの日、ジェヴロ工場[103]のまえで——白髪の男に会う。戦前は音楽に身をささげるはずだった。会計係を自称する（も、初歩的な計算でまちがう）。未熟練工の職を探している。哀れな敗残の身……。7時15分から7時45分まで小雨のなかを待ったあげくが、「求職受付はなし」。——ルノー工場では求職受付は終了。サルムソン工場では1時間待つ。

あるとき、ジェヴロ工場で。女工たちがなかに入れられる。粗野で意地のわるい雇用係の男（人事課長？）は、ついでに現場監督《コントルメトル》にも罵声をあびせ、現場監督がへいこら対応する（胸のすく光景）。われわれ女工を馬でも品定めするように眺めわたす。「こいつがいちばん頑丈かな」。20歳の娘を質問ぜめにするようすときたら。彼女は3年まえに妊娠して辞めたのだ……。わたしには丁寧な対応。わたしの住

---

98 自動車部品を製造していたサルムソン社は１９１３年に航空機の発動機《モーター》の製造を開始、１９１９年に航空機関連から自動車関連へと方向転換していた。ブーローニュ＝ビヤンクールではルノー自動車工場の近くにあった。コードロン社は１９０９年創業の航空機会社で、１９３３年にルノー社に合併された。

99 「蟻継ぎ」（枘《ほぞ》とも）は部品と部品を接合する仕掛で、突出部が燕尾形である。

100 バニョレはパリ20区に接する都市。

101 訳註**95**の「熟練工」から「班長 chef déquipe」さらに「現場監督 contremaître」（または「職工長 agent de maîtrise」）への昇格もある

102 くだんの工員がヴェイユの熱心な質問の意図を勘違いし、ヴェイユの熱意が一気に冷めたと思われる。

103 １８２０年創業、導管や爆薬を製造していたジェヴロはパリ17区に接する都市ルヴァロワ＝ペレに工場があった。

所を訊いた。

［また］べつなとき、二児の母である女工がいうには、「家で暇をもてあますから」働きたいのだが、夫は15時間働き、彼女が働くのを望まないのだとか！　べつの女工がこれを聞いて憤慨する。おなじく二児の母だが、働かなくてはならないわが身の不幸を嘆く（サルムソン工場のまえで）。

べつなとき（?）、出会った若い娘いわく、「フランが下落して、みんな仲よく飢え死にだ、ってラジオがいってたわ」、などなど。

べつなとき、イヴリー[104]まで足をのばす。「女はだめだ」。頭痛……

べつなとき、メニルモンタン[105]のラングロワ（小さな工場）に7時（告知されていた時間）に着く。——8時半まで待つ。その後、サン＝ドゥニ[106]に回るが、もう遅すぎた。

あらためてサン＝ドゥニにもどる。ろくに食べてもいないのに、こんなふうに歩きまわるのはつらい……

7時半、ふたたびサン＝トゥーアンのリュシェール工場に行く（この日の午後、ルノー工場に職を得ることになる）。

［失業中の］最後の週、通信・交通費をふくめて、1日3フラン50しか使うまいと決意する。飢えがたえずつづく感覚となる。働き、かつ食べるのは、これよりつらいか、つらくないのか。いまだ解けない難問だ……

つまるところ、働き、かつ食べる、こちらのほうがまだましかもしれない。

ルノー工場[107]

フライス盤。

［6月］**5日、水曜**。――職にありついた第1日、1時半から5時まで。周囲の顔ぶれ。若くて美男の工員、建設作業員の男、その妻……

6日、木曜。――8時から12時までは見学[108]――2時半から10時までが労働――最初の2時間で400個。――合計で2050個――調整工のせいで、1時間30分またはそれ以上の損をする。退社時には疲れはてる。

104 イヴリーはパリ13区に接する都市。1904年、玉軸受製造の工場ができ、1927年には工員3000人を数えた。

105 メニルモンタンは20区の地域。ラングロワ工場は未詳。

106 サン＝ドゥニはパリ18区に接する歴代の王族を埋葬した大聖堂のある古い都市。同時に労働者の住まう工業都市でもあって、1920年から30年まで共産党左派の市長がつづいた。

107 ルノー工場での就労についての後日の分析は、『工場日記』後半（152頁―）にふたたびみられる。

108 当時のヴェイユは14時半から22時までの午後作業班に属していた。

職にありついた最初の日、さらに見知らぬものに遭遇すべく工場にむかう翌日、おそろしい動揺をおぼえる。朝の地下鉄《メトロ》のなかで（6時45分に到着）懸念は募り、ついには身体的な不調となる。人から見られているのがわかる。ひどく蒼白い顔のはずだから。心から恐怖を感じたことがあるとすれば、それはあの日だった。わたしは精神のなかに、プレス機の並んだ作業場、1日10時間の労働、粗暴な職制たち、切断された指、暑苦しさ、頭痛、さらに……。プレス機作業の経験のある女工と職業紹介所で話したが、元気づけになるどころではなかった。作業場21番に着くや、自分の意志が萎えるのを感じた。だがすくなくとも、割りあてられたのはプレス機ではない——運がいい！

3か月まえ、フライス盤の刃が女工の手を**突きぬけた**話を聞いたとき、こんな光景を記憶にとどめながらフライス盤で働くのは、とうてい容易なわざではないぞ、と自分にいいきかせた。とはいえ、この点については、これまでのところ、克服せねばならぬ恐怖といえるほどのものはなかった。

7日、金曜。——きっかり2500個、昨日にもまして疲れはてる（とりわけ7時半以降は！　フィリップが軽口を叩いてわたしをみている……）。7時になっても1600個しか仕上げられず。

8日、土曜。——2400個、〔機械の〕清掃。疲れたが、昨日ほどではない（8時間で2400個、つまり1時間でたった300個）。

11日、火曜[109]。——2250個のうち900個は7時以降に仕上げる——それほど無理はせず——退社時にもほとんど疲れはない。終了は——10時。

12日、水曜。——停電（ありがたい！）

13日、木曜。——2240個を9時半に終了（**部品がなくなった**）——うち、7時までに1400個、その後に840個（4時までに仕上げたのは330個だけ！）。烈しい頭痛。這いつくばって、退社。だが、もう節々の痛みはない……

14日、金曜。——1300個、ほかの部品を300個。疲れはない。

15日、土曜。——2000個を8時40分に終了、清掃があったので、終了するのがやっと。疲れすぎてというほどではない【この1週間、ほかの人たちが親切だったおかげで、箱《ケース》の問題でさほど苦しまずにすむ】。

109　6月11日から7月7日月曜まで、すべての日付曜日に誤記があるが、正確な日付にして訳出した。

くたばるほど無理をするんじゃないよ、といってくれた人たち。たとえば(あとで知ったのだが)作業場の端にある他班の現場監督《コントルメトル》。とても親切なひとで、ほんとうに実《じつ》のある気遣いをする(一方、わたしの班長のルクレルクのは、むしろ「おれの知ったこっちゃない主義」ゆえの気遣いだ)。以後、めったにないとはいえ、たまに彼に話しかける機会があるときなど、いつもとくに親切にしてくれる。ある日、彼は通りすがりにわたしをじっとみた。わたしがみっともない格好で、大型ボルトを手づかみで空《から》の箱《ケース》に移しかえていたときに……

このひとのことは忘れまい。

[**日曜**。――頭痛、日曜の夜から月曜にかけて眠れず]。

17日、**月曜**。――2450個(8時35分には1950個)――退社するときに疲れていたが、へとへとではない。

18日、**火曜**。――2300個(8時45分には2000個)――無理はせず――退社するときに疲れはない――終日、頭痛。

［6月］**19日、水曜**。――2400個（8時35分には2000個）、ひどく疲れる。3000個以上を仕上げなきゃなんないしさ、といまいましい調整工の青二才がほざく。[110]

隷属状態にある不都合さとは、洞窟のなかの蒼白い影にすぎぬものを真に実存する人間と思いなすという、誘惑におちいりやすいことだ。[111] 例、わたしの調整工――あのいまいましい青二才。ぎゃふんといわせたいという抑えがたい反応【それも収まった、数週間後には】。

ディックマンの考え。[112] しかしながら労働者は、もし自由な労働によって他に資力を蓄えうるなら、奴隷のごとく駆りたてられる生を甘受するだろうか。（甘受できぬなら、それはそれでけっこう！）

---

110 「いまいましい調整工の青二才」の原語「le petit salaud de régleur」は罵り言葉で、ヴェイユにはきわめて稀有な感情的な表記のひとつ。

111 ヴェイユはプラトン『国家』第7巻514A―521Bの洞窟の比喩を、人間存在の根源的な無意識性・受動性・虚偽性・倒錯性の表象として頻繁に引用する。「壁のうえを怖ろしげなかたちをした影が通り過ぎると、鎖に繋がれた囚徒たちは苦しい思いをする。しかし、かれらの悲惨の本質そのもの、つまり、通り過ぎる影に完全に依存しているということ、さらにそれらの蔭を実在だと誤って思いこんでいるということ、これについては夢想だにしないのだ」

112 ユリウス・ディックマンはオーストリアの社会主義理論家で、スヴァーリン主宰の『社会批評（クリティック・ソシアル）』の論客でもあったが、ナチスのオーストリア侵入時に暗殺された。ここは同誌の「過剰の時代に継起する生産力の減衰と不足をおいて、なにものも社会発展の真の動因たりえない」（『社会批評《クリティック・ソシアル》』第10号、200頁）という主張への言及か。

地下鉄《メトロ》で若い女工が「やる気にならない」とつぶやく。——同感……

［6月］**20日、木曜**。——このうえなくつらい気持で職場におもむく。一歩一歩がこたえる（精神的に、帰路は身体的に）。わたしは、自分のことを、あらゆる苛酷な仕打ちにさらされた犠牲者だと思いこむ、ある種の半錯乱の状態にある……。2時半から3時35分まで、400個を仕上げる。3時35分から4時15分まで、カスケット帽の組立工のせいで時間をむだにする——（仕損じをやり直させられた）。——大型の部品——万力の取っ手《クランク》の調整が変わったので、のろのろとしか進まず、**えらく**硬くて難儀する。班長に救いを求める。——議論。——また着手。親指の先を削ってしまう（ほらね、これぞ痛撃というやつだ）。——医務室へ。——500個を6時15分に終了。——わたしの分の部品はもうない（あまりに疲れていたので、むしろほっとした！）。だが、すぐに用意すると約束される。結局、ようやく7時半になって500個が来る（１０００個を終了させるために）。［金髪の男は、わたしが現場監督《コントルメトル》に文句をいわないかと心配なのだ］。8時に245個。ひどく苦しみながらも、1時間40分で、大型500個を仕上げる——組立には10分。——これは作動中のフライス刃の他の部分での話で、こちらはうまくいく。きっかり30分で小型240個を仕上げる。9時40分に自由になる。だが、稼ぎは16フラン45ぽっち！[113]（いや、大型部品への支払はもうすこし多い）。疲れはてて工場を去る……

女工たちと最初の食事（軽食《カス・クルット》[114]）。

現場監督《コントルメトル》と取っ手《クランク》。彼はいう。「こういうふうにやるんだ」。そんなんじゃ失敗するのはわかりきっている。

カスケット帽の組立工。「あいつがあんたの機械にさわったら、放っぽりだしてやりな……。あいつがさわると、なんでもぶっ壊しちまうから……」

この組立工に２０００個入の箱《ケース》を運べと命じられる。わたしが彼に「ひとりでは動かせません」というと、「なんとかしろよ。おれの仕事じゃないんでね」と返される。

わたしが待たされた例の部品の件で、新米の女工がいう。「現場監督《コントルメトル》がいうのよ、待たされたときは、待たせた女工の賃金から損害の埋めあわせをするべきだって」

［６月］**21日、金曜**。――かなり遅く起きる――支度してどうにか間にあった。痛みをかかえて工場にむかう――が、以前とは逆に、精神的というよりは身体的な痛みだ。[115] しっかりがんばれないのではな

---

113 ７時間10分（２時半から９時40分まで）16フラン45の稼ぎは時給換算では２フラン29で、かなり低い賃率となる。

114 より上の階級の朝食《プチ・デジュネ》ではなく、フランスパンに具を挟んだものなど農民や肉体労働者が食べる軽食。

115 たしかに６月20日の朝の記述、「このうえなくつらい気持で職場におもむく。一歩一歩がこたえる（精神的に、帰路は身体的に）」とは逆である。

いかと不安だ。ふたたび、アルストンにいたときのように、あの感覚をふるいおこそう。「ともかく堪えてみせる、今日だけは……」。昨日で、ここで働いた日数は15日になる。[116] 15日以上は堪えられないかもしれない、とひとりごと……

ひとたび工場に着くや、仕上げるべき450個、ついで２０００個が待っている。これでいこう。なにも考えなくていい。2時35分に開始、3時40分に450個を終了。さらに、部品にのみ注意をそそぎ、心のなかで「やらねばならぬ……」とひたすら思い、一様の達成率《リズム》で作業をつづける。——水が少なすぎるのではないかと思う。バケツを捜すのにずいぶん時間をついやす（いつもの場所にあったのに！）。今度は水を流しすぎ、あふれさせる。水を捌けさせるのに、おがくずを捜し、掃きとらねばならない……。自動旋盤の男が親切に手伝ってくれる。7時20分には、箱を捜すのにかなりの時間（15分から20分）を失う。——やっと一箱みつけるも、金属屑で満杯だったので、中身を空《あ》けにいく。箱をもとにもどせと調整工に命じられる。その通りにする。［翌日、穴あけ係の女工が、あの箱は調整工の妻のものだったと教えてくれた。彼女がいうには、「わたしだったら、もどしてやるもんか」。穴あけ班は感じがいい。ほかとは違う小集団］。作業場のいちばん奥（21B）で、一箱みつける。ひとりの女工に異を唱えられ、またしても箱をゆずってしまう（大誤算！）。——箱はあきらめる。作業をつづけ、約500個だけ残った状態になったとき、その一部を機械の上、その一部をわたしの後ろの機械の内側から引っぱりだした一種の籠のなかに入れ、こうやって空《から》にした箱《ケース》のなかに、仕上げた１５００個を収める。時間のかかる非常につらい搬入作業で、なんの手助けもない。やっと9時35分に終了。大急ぎであと75個を捜しにいく。自分の記録をすこしでも破ろうというもくろみ。これで２５２５個。オーギュスト・コント通りに帰る。地下鉄《メトロ》で居眠り。自覚的な意志によらなければ、一歩ふみだすこともままならない。ひとたび帰宅するや、うきうきする。寝そべって、朝の2時まで本を読む。7時15分にめざめる（歯痛）。

［6月］**22日、土曜**。——みごとな好天。晴れやかな朝。行かねばならなくなるまで、工場のことは考えない。そのときはつらい気持になる（が、隷属状態にあるという印象は弱まる）。相棒の女工は来ていない。２０００個（から75個を引いた分）の箱《ケース》をうけとる［重い！］。2時45分に開始。——3時45分に、約425個を仕上げる（これで500個だ）。機械を替えさせられる。仕事はやさしく、支払もよい（3・2フラン（パーセント））が、フライス刃はより危険だ。350個つまり4フラン20）。5時5分ごろに終了。——10分の損失。もとの機械にもどる。5時15分に再開。意識的に無理をしなくても、ひたすら「一様の達成率《リズム》」を維持していれば、おのずから速度はあがる。8時半には１８５０個を仕上げる（つまり3時間で１３５０個、1時間450個！）［1個を8秒の割合だ］。愉しく食事（だが、あの「ぽっちゃりさん」はいない）。くつろぎの印象。土曜の夕べ、職制もおらず、のんびり好き放題……。みんな（わたし以外）は7時25分まで居残っていた。

帰路——楽隊のまえでしばし立ちどまる。さわやかな空気、うっとりする。——地下鉄《メトロ》でも眠らず起

116 ルノー工場に雇われたのが6月5日で、休日の日曜2日分を差しひくと、実働日は15日となる。

きていた。まだ歩く気力もある。とはいえ疲れている。でも、まずまず、しあわせな気分……。

［6月］**24日、月曜**。——よく眠れない（湿疹）。朝、食欲がない。かなり烈しい頭痛。——出かけるときに苦悩と煩悶をおぼえる。

着いたら着いたで、えらい災難に。わたしの相棒が来ておらず、だれかに部品を落としこむ箱《ケース》を盗まれてしまう。——代わりの箱をみつけるのに**1時間も**むだにする（穴あきタイプが要るのだ）。仕事にかかる。使い古しの磨滅したフライス刃。1週間まえから作業場には新顔の調整工（灰色の服）がいて、フライス刃を替えてくれる（しかも自分から申しでて！）。このとき彼は、機械のいたるところに弛みがあることに気づく。とくにフライス刃を支える止め輪は「すくなくとも10年まえからイカレてる」のだとか。「〔前任の〕ふたりの同僚《ダチ》（！）」が直しておかなかったことに驚く。「あんたの機械はポンコツだ」という。すこしは自分の仕事がわかっているらしい。ともかくわたしは4時15分に仕事にかかる。気力が挫け、へたばる（頭痛）。——仕上げたのは合計1850個！（5時間で、つまり1時間400個そこそこ）。夕方、またしても箱を捜して時間を失い、しかも箱はみつからなかったので、横の機械から引っぱりだした例の籠に部品を移しかえる。16000個近くも収まる箱を動かすのは、重くて骨がおれる。しかも、ふたたび部品をべつの箱に移さねばならない。（オーギュスト・コント通りに）帰る。疲れはあるが、まあまあだ。なにより、これほどわずかな仕事しかできないのに嫌気がさす。喉が渇いて死にそうだ。

［6月］**25日、火曜。**——7時にめざめる。歯科医の治療が長くてうんざり——午前中、歯痛に悩まされる。もうすこしで遅刻。

暑い。家にたどり着いても階段をあがるのにひと苦労……。あたらしい相棒（アルザス出身の女）に会う。——またしても箱《ケース》を捜すはめに……。1台の機械のそばで1個みつけるも、その持ち主が憤然とやって来る。——代わりに、仕上げるべき部品（200個残っていた）の入っている箱を空《から》にして、もってくる。こんなわけで、作業はいっこうに進まない！　またべつの箱をみつける。旋盤を回し、箱に部品を大量につめこんでいく——箱をもとにもどす（重い！）。その後（2時55分に）、医務室に行く——（削り屑のせいで膿瘍ができているのか）。——もどると、わたしの2000個の部品が機械のそばに散らばっている（わたしがいないときに、箱のもとの持ち主がとり返したのだ）。あらためて箱を捜す。エレベーターのまえで職制に話す。——職制は「あんたにも箱を回してやろう」という。わたしは待っている……。すると、ぼやぼやと待ってるんじゃない、と職制に罵倒される。自分の機械にもどる。隣の工員が一箱くれる。——ちょうどこのとき班長（ルクレルク）がやって来る。（床に散らばる部品を見て）わたしを罵倒しはじめる。わたしがいないときに、だれかがわたしの部品をぶちまけたのだ、と班長に説明する。班長は隣の工員に聞きにいく。わたしは部品をひろい集める。フライス刃の交換。結局、わたしが仕事にかかったのは、4時5分だった！　わきあがる嫌悪感を抑えこみ、速度をあげる努力をする。それでも2500個は仕上げたい。だが、速度をたもつのに苦労する。

他の絶縁材《カルトン》の残り200個をさっさと片づける（20分か25分で）。その後、速度が落ちる。

６時半ごろ、切断がうまくいかない。灰色の服の調整工がフライス刃を外し――作動させ――また外し――それから、わたしの思うに、結局もとの位置にもどした[117]……。７時には１３００個を仕上げたはずだが、それ以上ではない。――休憩のあと、またしても箱を捜すが、箱がないので策を弄する。９時35分または40分に絶縁材《カルトン》を終了（ということは２２００個）。――さらに50個……。９時15分、若い調整工（フィリップ）に機械の位置を動かしてもらう。けっこう待たされた。15分も。――そもそも彼を呼んだときはすでに時機を逸していた。したがって、仕上げたのは２２５０個にとどまる。ぱっとしない……。帰路、歩くのも骨がおれる。とはいえ、一歩一歩がつらい、というほどではない。

「一様の達成率《リズム》」を維持できず……。指がじゃまになって。慢心もあったかもしれない。

なんとしても箱《ケース》の問題を片づけねばならない。まずは旋盤の女工に、二度に一度は箱を回してほしい、と提案する？ わたしだってもらえないのよ、と彼女はいう。だが、それはわれわれもおなじことだ。〔手に入りやすい〕500個分の箱を捜すなら話はべつだが。いまは２０００個分を収める箱を捜すのだから……。

歯科医院を出て（たぶん火曜の朝――いや、木曜の朝だったか）、W方面のバスに乗ろうとしたとき、奇妙な感慨をおぼえた。なぜわたしが、奴隷であるこのわたしがこのバスに乗れるのか。ほかの人とおなじように12スーでバスを利用できるのか。とてつもない恩恵ではないか！ こんな便利な交通手段はおまえにはもったいない、おまえなんか歩けばよいといわれて、荒々しくバスから引きずりおろされても、いたって当然だと思える。隷属状態にあるせいで、自分にも権利があるのだという感覚をすっかり失ってしまった。人からいっさい荒っぽい扱いをうけずにすむ瞬間は、まるで望外の恩恵と思える。これらの瞬間は天からのほほ笑み、偶然の賜物にひとしい。この精神状態を維持しよう。これこそ理にかなう状態なのだから。

同僚たちはわたしのこの精神状態を、わたしのみるところ、おなじ程度には共有していない。自分たちが奴隷であることを、完全には理解していないのだ。正当だとか不当だとかの語は、おそらく、ある度合までは、彼らにとってもなんらかの意味を有している——いっさいが不当であるこの状況にあっては。[118]

［6月］**26日、水曜**。——朝からどっと疲れる——歩くだけなのに、日中よりもずっと気力が要る……うちのめされ、よどんだ気分——頭痛——意気消沈——恐怖、むしろ不安（仕事、自分の箱《ケース》、速度、その他にたいする）——荒れそうな鬱々たる時節。

117　余白に「複数の調整工がいる体制の結果」と記されている。
118　「表層的な観察者がきまって権力の脆弱さの指標とみなす民衆全般にくすぶる不満は、現実にはまさしく正反対の状況をさし示す指標なのです。言語化されず漠然とした不満は、延々と何十年もつづく無際限といえる屈従と両立可能です。不幸の感覚に希望の不在がむすびつくとき、そしてこれが現況なのですが、人間はかならず服従するものです……。1936年の痕跡は工場から残らず払拭され、体制はふたたび苛烈をきわめています」

医務室に行く。「必要とあらば指を切開しますよ、あなたに意見を求めるまでもなくね[119]」。仕事。――腕の痛み、衰弱、度重なる頭痛に苦しむ。（微熱も？　ともかく夕方には収まる）。だが、速度をあげることで、10分［または］15分のあいだ苦しまずにすむ境地に達する。5時、賃金の支払。その後、ほとほと嫌気がさす。仕上げた部品を数えあげ、機械を拭き、帰っていいかとお伺いをたてる。作業長《シェフ・ダトリエ》の事務室にいるルクレルク（現場監督《コントルメトル》[120]）を捜しにいく。ルクレルクは大丈夫だと請けあってくれる。

7月4日、木曜[121]――。あのフライス盤にもどらずにすむ、ありがたい！（ほかの女工が操作している、いかにもやすやすと……）。ネジのピッチにあいた穴から鋳張りをとりのぞく小型機械。2種類の部品（第2の部品は釘）。第1の部品を1300個（1フラン50（パーセント）、第2の部品を950個（？）0・60フラン（パーセント）。その後、研磨ベルトで260個を磨く（1フラン（パーセント）[122]）。

7月5日、金曜。――明日は休み。うれしい！　よく眠れない（歯［の痛み］）。朝、歯科医の治療。頭痛、衰弱［懸念もあるが事態はよくならない……］。3週間以上も！　しかも、その3週間のあいだ、1日に何回も！　1日分の、たった1回分の気力しかないというのに。それすら歯を食いしばり、絶望的な気力をふりしぼらねばならぬのに。前日、若いイタリア人の工員いわく。「あんた、痩せてきたね（10日まえにもいわれた）、しょっちゅう、がんばりすぎなんだよ」だそうな（！）。――これらはみな、工場に行くまえにいだく感覚だ。

隣で働く女工たちが〔脳天をぶち割る騒音をたてる〕機械を洗浄しようとするのをみて、わたしの力が尽きる。彼女らにうながされて、ルクレルクに7時に退社してよいかと訊きにいく。——とりつく島もない彼の返事。「まさか2時間だけ働くために来たんじゃあるまい！」。夕方、〔若い調整工の〕フィリップに途方もなく待たされる。わたしを困らせるためだ。わたしはすっかり嫌気がさし……

作業時間記録係のせいで、事務室のまえで30分待つ。引渡しの複雑な手続きをみる。——現場監督《コントルメトル》どうしのもちつもたれつ……

約束ごとにのっとるなら、疲労は存在しない、といってよい……おそらく、戦争に危険は存在しないのとおなじく。

---

119 母セルマ・ヴェイユの証言によると、腫れた指の切開を示唆した医師は一介の女工に反論されて仰天したらしい。

120 先の2か所ではルクレルクは「班長 chef d'équipe」と記してあるが、ここでは「現場監督 contremaître」。兼任しているという意味か。

121 6月27日から7月3日まで仕事の記述はない。手の膿瘍のせいで休み（実働日は6日）をとっていたと思われる。

122 三つの伝票はそれぞれ19フラン50、5フラン70、2フラン60で合計は27フラン80、これを7時間半の労働時間で割ると時給3フラン70となり、まずまずの達成率である。

翌週、［7月］8日、月曜から12日金曜。

月曜［7月8日］。

火曜［7月9日］。――7時に3500個（真鍮の？）の絶縁材《カルトン》を開始。

水曜［7月10日］。――1日で8000個かそこら。（10時45分に）昨日の絶縁材《カルトン》を終了する。（11時45分に再開し）、5000個を仕上げる。6時に完了［し、A（オーギュスト・ドトゥーフ」と夕食］。ぐったりする。作業のたやすい部品だった（どんな部品だったか、もはや思いだせない。真鍮、つぎに鋼鉄、だったと思う）。「一様の達成率《リズム》」

特記すべき揉めごと

灰色の服の調整工（ミシェル）は他のふたりの同僚を軽蔑している。とくに「おまぬけ」のほうを。組立がまずくてフライス刃が壊れ、いろいろと騒動がおこる。「おまぬけ」組立工がやったので、機械が半調子なのだ。フライス刃を押さえすぎると、たびたびフライス刃が止まってしまう。すでにわたしにも経験があり、「フライス刃の締付がたりない」といわれた。そこで調整工を捜しにいき、もっと締めてくれと頼む。初めのうち、調整工は来ようとしない。あんたが押さえつけすぎるんだという。やっと来たかと思うと、「（フライス刃の締付部を示しながら）ここじゃなくて、（フライス刃を支える軸受の滑車とベルトを示しながら）ここさ、厄介をかけやがるのは」（どういう意味か）という。そして立ちさる。わたしは作業をつづける。うまくいかない。ついに1個の部品が組立装置のなかに嵌まりこみ、歯を3枚欠けさせる……。調整工は〔職制の〕ルクレルクを捜しにいく。わたしを罵倒させるために。ところがルクレルクは、組立の選択をまちがえたおまえが悪いと、調整工のほうを罵倒し、このフライス刃でまだ大丈夫だという。30分（または15分）後、ルクレルクがもどってくる。わたしが「しょっちゅうフライス刃が止まるんです」というと、彼は（いかにも憎たらしい口調で）、「こいつは頑丈な機械ってわけじゃないんでね、あんたが強く押さえすぎるんじゃないのか」とのたまい、操作のやりかたを実演してみせる——だが、これじゃ、せいぜい1時間600個の達成率《リズム》でしかなく、それでさえ御の字なことに、お気づきでない。（つまり2フラン70、もっとも時間を計ったわけではないが……）。ただし、このやりかたでも、フライス刃は押さえると回転速度が落ちる。ルクレルクにそのようすを知らせる。どうってことはない、と彼はいう。しかしフライス刃が完全に止まり、どうにもならない瞬間がやって来る。——わたしは調整工を呼ぶ。彼はすでに罵倒する気満々だ。わたしの隣の女工がいう。「締付けすぎだよ」[123]。またべつのときに、おなじことが起こった。軸受を固定させるボルトが充分に締付けられていないと、機械が回転するときに軸受を自動的に締付けてしまうのだ。

123　余白に「締付がたりない」「締付が強すぎ」の記載。

フライス刃を逆回転させて締付を弛める。

機械がフライス刃の前方にあるのか遠くにあるのか、これを考えるのは（わたしにとっては）むずかしい……

フライス刃が止まるのは、どのような原因によるのか。（軸受そのものも止まるのか。これに注目するのを忘れた）。――原因は弛みなのか、フライス刃なのか、部品なのか。（この場合は後者だ）。機械に提供できる以上の仕事を提供させようとすると、大きすぎる抵抗でしっぺ返しをされる（これが「おまぬけ」のいいたかったことか）。【だが機械の出力《ピュイサンス》を定めるのはなにか】。

研究すべき、機械のくびきの観念について。

シャルティエの手紙[124]。鋸《のこ》と鉋《かんな》。機械については別物かもしれない……

木曜［7月11日］。――昨日がんばったせいで、疲労のきわみ、ぐったりして、のろのろとしか作業ができない。

金曜［7月12日］。――ネジ山。
夕方、『プロレタリア革命《レヴォルシオン・プロレタリエンヌ》』誌の集会。〔ロベール・〕ルーゾンはわたしだとわからなかった。顔つきが変わったという。「ずっとタフな容貌」になったとか――

複数の機械が単一の発動機《モーター》からどうやって出力《ピュイサンス》を引きだすのかを探求すること[125]。機械が強弱の配列によって規定される場合はどうか。

イタリア人の妻。

［7月］**17日、水曜**。——工場にもどる[126]——涼しい気候——怖れていたよりも（精神的な）苦しみは少ない。——軛《くびき》にやすやすと慣れてしまう自分[127]……

仕事はなし。自動旋盤（キュタ式）のほうに行く。休暇の4日間ずっと研究していた機械だ。

---

124 ペトルマンはアラン（エミール・シャルティエ）の手紙の一節を引用する。アランは一般論としてヴェイユの提案した経験と類比にもとづく教育法を肯定しつつも、かつての自分の失敗例をあげ、「知識の作業場」への懸念を表明し、ヴェイユをやや失望させた。

125 当時は複数の工具で発動機《モーター》一基を共有しており、各工具は長短さまざまな軸受で伝動されるベルトでつながれていた。この状態で各工具がそれぞれに必要な出力をいかにして引きだしうるか、とヴェイユは問うている。

126 「工場にもどる」とあるのは、7月12日金曜を最後に、週末の土日のほかに週初めの月火も休んでいたから。

127 厳しい労働環境のなかで内的だと思っていた自負や自尊心があっさり粉砕されたのみならず、苛酷な圧迫にたいして叛逆心どころか駄獣のごとき恭順の気持が生じ、自分はもっぱら命令に服するためにだけ生まれてきたと感じた、とアルベルティーヌ・テヴノンへの手紙に記した。

8時半まで、塗油を待つ。

鋼鉄ネジ4×10[128]━〔注文票〕7・010・105━041・916━フライス刃1。

5000個を4フラン50、つまり23フラン50。

〔班長の〕ルクレルクがくれたちょっとした量産仕事。その機械を〔調整工の〕ミシェルは45分かけても組立てられない。

ミシェルとの会話。ルクレルクの技術的能力がどうかって？「ある種の機械ではまあまだが、ほかの機械じゃ、からきしだめだな」。工員ではない。性格はわるくないが、「そのうち飛ばされるな」——

わたしがルクレルクから渡されていた部品は、この機械と相性がよくない。

ミシェルが45分まえから機械の組立で苦労しているときに、彼がやって来る。——「あんたにこの部品を渡したのはだれかね」と訊く。わたしは「あなたです！」と答える。——彼は感じよく——わたしのために部品をとりかえさせる。45分の損失、もちろんこの時間は無給！　おれだってやれたことだがね……、とミシェル。彼はそれらの部品をほかの機械（わたしが彼のことで冷やかした若い女工の機械）に組みこむつもりだ。この件で、ミシェルとルクレルクについて話をする。機械のことはくわしいの？——ものによってはな、だめなのもあるがね。ミシェルはいう、ルクレルクは2か月間、班長だったが、いいやつすぎたんで配置換えになった！　――だけど、性格はわるくない（わたしの言葉）。――やつはここに残れまい、とミシェルは考えている。けれども1年半まえ、若いスペイン人の女工がやって来たとき、彼はすでにこの作業場にいた。


円筒形ネジ4×8、鋼鉄。

5000個を4フラン50で――組立工賃1フラン[129]――つまり23フラン50[130]。

終了できず。


［7月］**18日、木曜。**――円筒形ネジ4×8を終了。

真鍮ネジ━740・657の2━1417個（！）、特製の大型鋸、127━2。

100個（多い！）を0・0045パーセント、つまり1フラン45で。

128　「4×10」とはネジの頭の直径が4ミリ、長さが10ミリの意。つぎの「4×8」も同様。「フライス刃1」の数字はフライス刃の直径が「1センチ」という意味か。ほかに「0・8」「1・2」「1・5」などがある（訳註**138**を参照）。

129　「組立工賃」（原文は「m.」と省略形で記されている）への最初の言及。調整工や組立工に頼まずに自分で必要な工具を機械に装着すると、（難度に応じて）1フランか2フランの手当が加算される。

130　5000個を（1000個につき）4フラン50で22フラン50、これに組立作業の手当を加算して、合計23フラン50となる。

真鍮のすり合わせ━6・005・346━027・947─━フライス刃1・5（?・）。600個を0・045パーセント、つまり2フラン25＋0・45フランで合計2フラン70（逆向きのフライス刃！）。

調整工の交替。無能な太め男は、火曜の午後に姿を消した。（彼がどうなったか調べられるか）。作業場のべつの部署から来たとおぼしき、べつの調整工が代わりをつとめる。この男は「おれの知ったこっちゃない主義者」ではない。神経質で、熱にうかされたように、ぎくしゃくと動く。両手が震える。彼がかわいそうになる。彼はわたしのために1時間かけて機械の組立をするが（たかだか600個のために！）、フライス刃を逆に取付けるしまつ。（それでも動くには動く、さいわい銅だったので）。

自分で機械の組立を試みるが――止め輪の**どちら側**かがわからない。（直径の異なる窪みのある2本の円筒で構成されている）。次回の解体のときに観察するのは、たやすいことだ……。ほんとうのむずかしさは、わたしの筋力の弱さにある。ネジを弛めるのもままならない。

新顔の調整工（専業の未熟練工なのかを確認すべき）。「これはどういう役にたつのか」とわたしに質問し、わたしに図版を捜させるが、こんなことをしても時間ばかり食って、ろくな助けにはならない……

この2日（18時間）で、稼ぎは23フラン50＋23フラン50＋1フラン45＋2フラン70の合計51フラン15。

3フランにもならない！　2フラン85ぽっち！　この賃金をうけとり、19日に先立つ1週間、前週の木曜と金曜で（7＋7＋9＋10＋9＋10＋9＋18で合計79時間）。

鋼鉄の円筒形ネジ4×8、初めは1000個包で仕上げる。——続きの部品をとりにゴルジェのところに行くが、まだ準備ができていない。ところが彼ときたら、いまにもわたしを罵倒しかねない勢いだ（わたしのほうこそ不平をいうべき立場だったのに）。午後もゴルジェのところに残りの4000個をとりに行くが、4回か5回に分けてあたえられ、そのつど長いこと待たされる。これがキュタ式〔自動旋盤〕をじっくり眺める機会となる……。こんなふうに待つのをわたしがさほど嫌っていないことが、若い調整工にもおいおいわかってきたようだ。

7月19日、金曜。——ネジを固定する受け座、鋼鉄。7・051・634—054・641—フライス刃1・5。

1000個を5フランで、つまり6フラン（組立は調整がむずかしく、しかも満足な出来にはほど遠い）。

（小型の）抵抗器7個6007・051・551—039・660—フライス刃1・2。

3000個を5フランで、つまり16フラン（組立〔工賃を稼ぐべく〕三つを成功させようとするも……）。

ネジ5×22（?）━7・051・551━039・660━フライス刃1・2。

550個（!）を0・0045〔フラン〕で、つまり2フラン25＋0・235フラン＋1フランで合計3フラン50（おおよそ）。

円錐摩擦車《クラウンギア》を固定するネジ━7・050・253━45・759━フライス刃1。

500個（!）を0・005フランで、組立工賃1フラン75を加えて、3フラン75になる。

6フラン＋16フラン＋3フラン50＋3フラン75で合計29フラン25。

9時間、つまり1時間3フラン25（27フラン＋2フラン25、ぎりぎり!）。[131] しかし実質は（清掃時間をのぞくと）8時間なので、なんと3フラン50を上回り、精確には3フラン65に達する。もっとも鋼鉄ネジは、昨日中にかなりの量を仕上げたのも事実[132a]……。

土曜「7月20日」。――烈しい頭痛――悲嘆にくれる状態――午後はましに（だがボリス・スヴァーリンの家で泣く……）。

日曜〔7月21日〕。——イタリア美術〔の展覧会〕。

〔7月〕**22日、月曜**。——金曜の分を終了（10分から15分で）。——はじめて独力で組立てる（内側への装着はのぞく）も、完成にはいたらず、**【ベレー帽の】**調整工を呼んで待たねばならない。——ついでフライス刃ではなく、組立そのものを変更。そこで調整工を呼ぶ——〔旋盤の〕振れ止めを内側に装着するためなのに（調整工はこれをせずに）、スリットの深さの調整にはてしなく時間をついやす。10時半に終了。1000個の絶縁材《カルトン》1枚を終了（稼ぎは3時間で5フラン70……）。——1000個の絶縁材《カルトン》をもう1枚。「凸面」のある精錬銅の小型部品。そのいくつかが組立にうまく嵌まらず、歯を2枚欠けさせてしまう……。12時、やっと2000個の絶縁材《カルトン》（真鍮）の開始にこぎつける。稼ぎは、1フラン＋3フラン70＋1フラン＋5フラン＋1フランで合計11フラン70。——絶縁材《カルトン》を終了させれば20フラン70。——まだ2000個を仕上げ**ねばならない**……

環状導管の抵抗器——精錬銅、6・002・400━07・1843——━フライス刃1・5。

131　9時間労働で29フラン25は時間給3フラン25となり、ヴェイユの考える最低時間賃金3フランを「ぎりぎり！」上回る。さらに実質労働の8時間に換算すると3フラン65という高達成率となる。

132　この2週間分の時給換算の数値は、aが3フラン65、bが3フラン34、cが3フラン08、dが3フラン25、eが3フラン14となり、いずれも3フランをこえる達成率である。

1000個を3フラン70で、これに1フランを加えて、4フラン70に。

おなじ作業だが、小型の部品。7・050・846━04・1787。

1000個を5フランで、これに1フランを加えて、6フランに。

午後、

真鍮ネジ━7・050・010━07・9658（フライス刃0・8）。

2000個を4フランで、これに1フランを加えて、9フランに。

抵抗器（大型）――6・002・400━07・1844。

1000個を3フラン70で、4フラン70に。

おなじ作業、　―━07・1848。

1000個を3フラン70で、4フラン70に。

真鍮ネジ〔……判読不能……〕7・050・010━07・9652━フライス刃0・8。

始めたばかり。

稼ぎは、4フラン70＋6フラン＋4フラン70＋4フラン70＋1フラン＋9フランで、合計30フラン10。[132b]

〔注文票〕07・1841を終えて、848を始めたばかりのとき、ルクレルクに呼びつけられる。のっけから罵倒される、彼に相談せずに例の作業をしたという理由で。注文票の番号を訊かれたので、自分の手帳をみせる！　手帳をみるや、いやにやさしい口調に。

火曜［7月23日］。

ネジを仕上げる――2000個を4フランで。

その後、鋼鉄の円筒形ネジ4×8━7・010・103━043・409━フライス1。

5000個を4フラン50、組立工賃が1フラン、つまり23フラン50になる。

23フラン50＋8フランで31フラン50（2日で61フラン60、つまり30フラン80の2倍、さらには1時間3フラン8になる）。[132c]

3日で稼いだのは、29フラン25＋30フラン10＋31フラン50の合計90フラン85で、次のような計算になる。

28　［29］時間

28　［29］×3＝8　［87］　4

28×0・50＝14

28×0・25＝7

84＋7　＝91。――したがって平均3フラン25を達成したのだ[132d]……

円筒形ネジ4×87を11時5分に開始。――45分後、フライス刃の具合がよくない（煙を吹く）。――なのに、（ミシェルによって）刃が交換されたのは2時半をすぎてからだ。【わたしにも責任がある。なぜもっと早くに交換しなかったのか。罵倒されるのが怖かったからか……】。――ミシェルによるとフライス刃が逆回転していた（そうなのか）。第2の刃は彼が装着したのだが、やはりうまくいかない（隣の女工いわく、あたらしい鋸《のこ》のせいよ、フライス刃1には大きすぎんだわ）。4時に交換。その後は6時までがんばる（歯を2枚欠けさせたが）。不出来な鋸《のこ》を使うのは骨がおれる。それはまた、わが身を完全に自動人形《オートマトン》に変身させてしまわぬための、自分への言い訳でもある……

壊れたフライス刃の件で罵倒される（新米の心情についてのスペインの小話）。

水曜［7月24日］。
円筒形ネジ4×8―7・010・103―043・415―

前日の夕方、6時、鋸《のこ》がベレー帽の組立工[133]により装着されるが――7時15分には弛んでしまう。弛んでいると通りすがりに調整工に伝えたが、あいかわらず弛んだまま。調整工を呼ぶ。わたしを待たせたうえ――来るやいなやわたしを罵倒する。わたしが強く押さえすぎるからだという。そうでないのはまずまちがいない（鋸を壊して死ぬほど縮みあがっていたのだから）。そのことを彼にいうが、しつこく罵倒はつづく（これは隠喩だ、彼は声を荒げないのだから）。――この揉めごとのせいで、しばらく心が凍りつく。彼だって仲間のひとりだ、と思いたいのは山々なのに……。10時、やはり彼の装着したあたらしい鋸に交換。装着に約20分もかけたのだ。とつぜん、奥の発動機《モーター》が止まる。11時になろうかというまで待つ。【昨日、5000個を終了、8時半には（これらを収める箱《ケース》もみつけていた）】。――支払は明日だと思っていたが、今日だと知り、心に歓びがわきあがる。これで絶食しなくてすむ……。ついに昼にタガが外れる（煙草1包――果物のシロップ煮……）

3時、惨憺たるできごと。鋸の歯を1本欠いてしまう。わかっている、なぜそんなことになったかは……。くたくたに疲れはて、ラ・マルティニエール[134]での疲労に思いをはせていた。アドリアンに、――彼の妻に、――ジャニーヌがわたしにいったことに、ミシェルが彼女にへたばるほどの無理を強いることに、それでピエールが感じたことに――、トロツキーの青少年期[135]（「なんたる屈辱《オント》」……）に、

---

133 ベレー帽の「組立工」は他の箇所では「調整工」と記されている。両方の職能を兼ねていたのだろう。

134 ラ・マルティニエールは友人ルテリエの実家の農場、訳註**44**を参照。

135 トロツキーの少年時代と青年時代の思い出には、一方で貧しい雇われ農夫や牧夫たちへの憐憫と、他方で彼らから投げつけられた冷たい視線や露骨な冗談への反撥とが、入り混じるように述べられている。ヴェイユがおそらく自身の問題としても措定したであろう「大衆主義《ポピュリスム》とマルクス主義との二者択一」について、トロツキーはこう記す。「しかしながら自己完成の問題は『世界観』の問題にただちにぶつかり、この『世界観』はまた、ナロードニズムかマルクス主義かという基本的な二者択一につながっていた。この二つの思想潮流間の闘争が私をとらえるにいたるのは、国全体の思想的転換から数年も遅れてのことだった。〔……〕だが一つだけ確実に言いうることがある。私の意識の中にはすでに、実生活によって蓄えられた社会的抗議の豊かな蓄積があったことである。その蓄積はいったい何にもとづいていたのだろうか？　それは、虐げられた人々に対する共感と社会的不正に対する怒りである。おそらく、後者の感情の方が強かった。幼年期以来、私の日常生活のあらゆる印象の中で、人間的不平等は並はずれて粗野で剝き出しの形をとっており、社会的不正は恥知らずで野放図な性格を帯び、人間の尊厳はいたるところで踏みにじられていた。農民に対する鞭打ちを想起すれば十分だろう。こうしたことは、あらゆる理論を身につける前にすでに鋭く知覚されていて、大きな爆発力を持った印象の蓄えをつくり出していた」（『わが生涯　上』森田成也訳）。

さらには大衆主義《ポピュリスム》とマルクス主義との二者択一という彼の選択にも思いをはせていた。まさにこの瞬間、わたしは組立装置のなかに収まりきらない部品（削り屑か鋳張り）を置き、無理を承知でフライス刃に押しつけた……ああ！　もちろん、刃の交換をいいだす勇気などない。スペイン人の女工がミシェルに助けてもらえと奨める。わたしは彼に話をするが、その晩は来てくれない。7時までそのフライス刃を使いつづける。さいわい、刃はもちこたえる。いうまでもないが、どれほど気を遣ったことか！　5時ごろ、またしても刃が弛む。だれも呼ぶ勇気はない、そりゃそうだ！　自分で締付け、200個か300個（もうすこし多い？）を仕上げるが、刃の位置は中央どころではない。それから一大決心をして、自分の手で刃をうまく中央に据える（ただし既成の部品を使って）。

稼ぎは81時間で255フラン[132e]（200フランに達するまいと危惧していたが）。

若いスペイン人女工の不運なできごと（彼女の部品――彼女のフライス刃――新顔の調整工――ルクレルク）。

眠れない夜――

木曜［7月25日］。――さらに鋸《のこ》を使って30分から45分の作業。その後、ミシェルがわたしの鋸を交換する。同時に、ちょうど調整中の機械の鋸も。自分で組立ててみるが、うまく中央に据えるにはいたらない。どうしても原因がわからず、とうとう眼鏡の調整工に助けを求める。これが片づいたのは9時。――午前中はつらかった。――脚が痛む。――もう、うんざり、心底うんざりだ……。(円筒形ネジには苛々させられる。フライス刃をいつ壊すかわからぬ危険と背中合わせで、完全な精神的空白を維持せねばならない……)。三度ぎょっとするも、大事にいたらず。11時に――なにかの動き、なにかの言葉が、わたしの注意をひき――えらい災難に。歯が1枚欠けたのだ。さいわい、その後やるべき作業はフライス刃1・2を使うものだった。その後もうまくすると……[137]

――正午、部品が1個ふっ飛び、フライス刃が弛む。

正午、良心の呵責を感じつつ作業を終えたくないなら、道義的にきちんと対応する必要があると自覚する。われに返り、正気をとりもどす。

1時半、フライス刃を締付け、自分で中央に据えなおす［昨日はできなかったことだ］。じっくりやってみようという、昼食時に固めた決意のおかげで［既成の部品を1個利用したが］。ベレー帽の調整工は静かにみていたが、わたしが据えなおすと、仕上げの締付をしてくれた。2時に終了。――さきの

---

136 ヴェイユはギリシア語で引用している。ホメロスやソフォクレスの合唱隊《コロス》の嘆きに似せた擬音語「オトトイ」(受験準備学級《カーニュ》の悪ふざけ)。

137 不注意から欠損させたのはフライス刃1で、その後の作業はべつのフライス刃で削るもので支障はなく、運がよければ刃の欠損を報告して罵倒されずにすむ、と期待したのか。

調整工があたらしい部品の装着にかかり、2時半に終了。

2時半から4時半まで、うまくいかない。――ミシェル――彼と話して、説明を聞く。ベレー帽の調整工が修理する。

4時半から6時半まで、2000個の残りに着手（うち約200個を仕上げる）。部品をとりに行く。――ルクレルクはやけに愛想がいい……。フライス刃1で削る作業なので、いよいよ刃のことで頭をかかえる――鋼鉄の円筒形ネジ4×8。7時3分、0・8、1・5と1のフライス刃を同時に交換してもらいにいく。――ちゃっかり切りぬける。[138] ――かくてぴかぴかの新品フライス刃を手にいれた……。だが、5000個ものろくでもない部品を仕上げねばならない（しかもまったく同一でもない）。――さあ、しっかりやれ！

フライス刃が矢印で示された方向に逸れる。刃が円錐上に装着されているので、溝が真ん中に刻まれないばかりか、ますます浅くなるか、下手をすると溝がまったく刻まれなかったりする。

原因は、先端の締付が不充分だったり――フライス刃が磨滅していたり――工員が強く押さえすぎたりすることと。

強く押さえすぎると、フライス刃が滑車や軸受よりも遅く回転し、あたかも逆方向に回転させているが

図１　〔ヴェイユの手描き.
書き添えられた文字は図２上に活字で示す〕

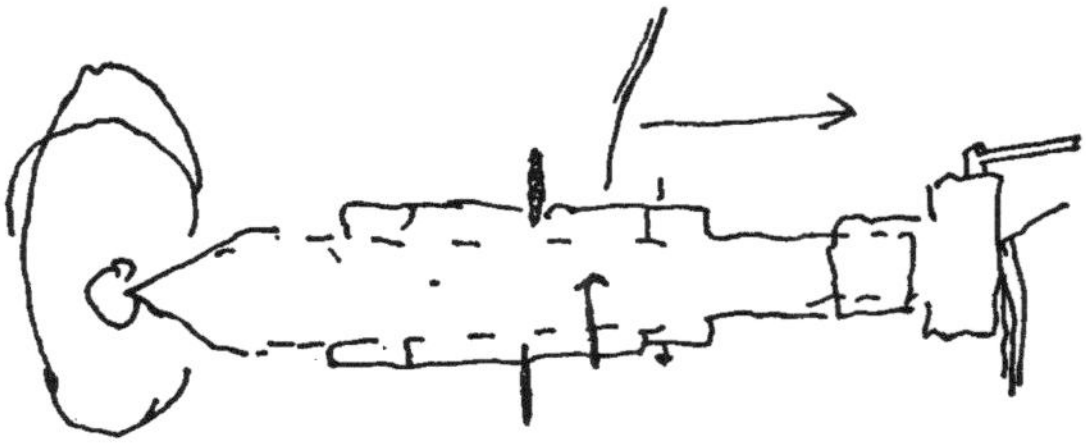

図２　［139］

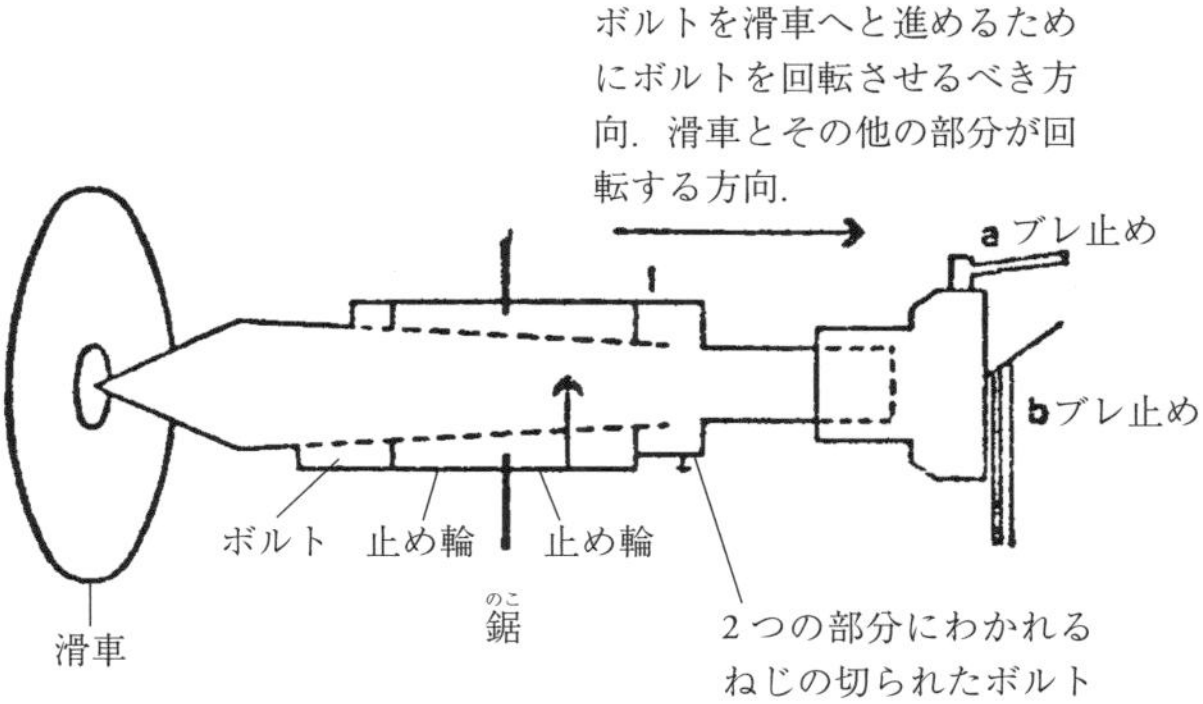

138　3枚同時に交換してフライス1の欠損に気づかれずにすんだと快哉を叫んでいる。

139　鋸―フライスは円筒形ネジ4×10の頭に溝を刻むための工具。図はおそらくフライス刃の装着の機構を示す。軸受にはａｂ二つのブレ止めが備えられ、回転するフライスを支えるが、140頁にみられるとおり、調整がむずかしい。

ごとき動きをする。(ほんとうに?)

〔余白に〕その日、組立装置の締付が不充分なせいで、刃が作動するときに深く刻みすぎたのが、一因だと思う。その結果、ついつい強く押さえすぎてしまった。

他の不具合の現象。

フライス刃が止まる。刃の止め輪が弛んだからだ(または、最初から締め付けが充分でなかったか、強く押さえつけすぎたかで)。

フライス刃が止まる(軸受や滑車と同時に)。軸受の先端が締付けられすぎていたからだ(aが充分に締付けられていないと、bが自動的に締付けられる)【いつだって調整の不備のせいなのだ】。

正午、歓び。告知によると「工員諸氏……においては」、ともかく土曜は休めるのだ。

夜、湿疹の烈しいぶり返し。この1週間、ずっと治《おさ》まっていたのに。

ネジ〔……判読不能……〕蓋 ▬7・051・021▬015・679 鋼鉄。

1000個を5フランで(1または2個の組立装着?)。

この2日の稼ぎは、45フラン+2フラン+12フラン(?)で合計59フラン……(または58フラン)。

1時間3フランに達せず[140]……

金曜［7月26日］。――ベレー帽の調整工が前日に捜していた部品の組立を頼む。そのあいだに計量する――250個の追加。ルクレルクに仕上げを命じられ、――8時15分に始める。――うち200個を10時半ごろに仕上げる。フライス刃を交換してもらう。待たねばならず……、再開したのは11時15分。――午前中にすくなくとも3000個は仕上げる（つまり14フラン、またはそれ以下――1時間3フランに達しない！）。――**非常に**骨のおれる仕事。だが前日のように精神的にへこたれはしない。ただ身体的には前日より悪化。昼食後（元気づけを期待して5フラン50奮発するも）、さらに悪化する。眩暈《めまい》、立ちくらみ――ぼんやりと仕事をする。さいわい、これらの部品は円筒形ネジのようにはふっ飛ばない……。2時から2時半まで、気絶するかと本気で思った。ついに、速度を落とそうと肚を括《くく》る。それですこし楽になる。4時すぎ（4時15分か4時半）に終了。ルクレルクにいわれる。追加の250個分はどこにも記載するな、どうせ支払ってもらえないからと（きっと他の部署で不足して困っているはず……とのこと）。「割のいい仕事」をくれるそうな（真鍮の長ネジが4フラン）。5時まで組立の時間。――5時半、機械洗浄のために中断（6時半には退社）。この1時間、全体的にみればまずまず気分よく働く。急かされ不安だった最初のうちはべつだが。

140　58フランを18時間で割ると3フラン22となるので、3フランに達しないとの記載は計算ミスか。

ベレー帽の調整工との会話。聞くところでは、彼はわたしに興味があるらしい……鋼鉄の円筒形ネジ４×10━７・０１０・１０５━０４１・９１８━フライス刃１━５０００個を４フラン50――組立工賃１フラン。

月曜〔には〕、勘定書《コント》の清算〔がある〕。

時間総数は、８時間＋10時間＋10時間＋10時間＋10時間＋９時間＋10時間で合計67時間。稼ぎは、90フラン75＋47フラン＋12フラン＋23フラン50で合計173フラン25。

ともあれ１時間３フランをめざす[141]……

月曜には、１時間４フラン50を稼ぐ勢いでなければ……

４０００個を４フランで仕上げると18フラン（絶縁材《カルトン》２枚）。残りは27フラン分……。これら４０００個を**最長でも**３時間で仕上げねばならない。その後、さらに５５００個も仕上げる……ほぼ不可能[142]！

日曜の夕方［７月28日］。――11時40分に帰宅。寝る。だが眠れない。深夜12時半ごろ、作業上着《タブリエ》を忘れてきたことに気づく！　ますます眠れなくなる。５時15分に起き、５時45分に実家に電話する。トロカデロ駅まで地下鉄《メトロ》に乗り、帰宅する（人ごみのなかを合計40分かけて）。疲れはて、頭痛がする。

月曜［7月29日］。——今夜または明日にでも脱出せねばなるまい。頭痛がする。ようやく正午に4000個終了……（のみならず1時半から1時45分まで、15分もこの作業にかかっていた）。

木曜とおなじく、またしても機械に不具合が生じる。フライス刃はぴかぴかの新品なのに。リュシアン（ベレー帽の調整工）は、わたしが強く押さえすぎるからだと、いまだにいう（ただし以前より口調はやさしい）。だが、じっさいは彼の締付が不充分なせいだと、わたしは確信している。いずれにせよ、わたしが気づかぬうちに、すでに金曜の夕方にはフライス刃に不具合が生じており、かなりの数の部品がフライス刃にかすりさえしないという体たらく。仕上げ品の選別と作業のやり直しで、時間を損するはめに。

〔上記に追加〕　スペイン人の女工に同行して、（すくなくとも）15分は損をする。彼女はあたらしい機械に使う潤滑石鹼のいっぱい入ったバケツをとりに行った。ひとりで運ぶには重すぎたが、分配担当の未熟練工にいわれて

141　173フラン25を67時間で割ると、2フラン59程度にしかならない。翌月曜日の7月27日で工場を辞める心づもり（じっさいは8月23日まで就労はつづく）だったヴェイユは、ルノー工場での最後の週の時間給平均を3フラン以上に押しあげたかったのだろう。

142　月曜日の10時間労働で平均3フランに到達するには、1時間につき4フラン50の速度率を維持せねばならないという意味か。しかし、173フラン25＋45フランでは218フラン25にしかならず、77時間で割ると2フラン83程度にしかならない。いずれにせよ3フランに到達するのは、かなり無理な計算になる。

設置せねばならなかったのだ。

その後——速度のことでは——やはりリュシアンに非難されると気落ちする。これがくり返されると、事態がまずくなることはわかっている。なにも余計なことを考えず、早い調子《テンポ》にむけて全力を結集しなければ、いつものことながら、速度は落ちるのだ。いずれにせよ、４×４で16フラン＋２フラン（?）の組立工賃（絶縁材《カルトン》２枚）を達成する。

真鍮ネジ／７・０５０・０１０━０７９・６５５━フライス刃０・８━４０００個を４フランで——加えて組立工賃２個を各１フランで。

つぎの400個（１０００個のうちスペイン人の女工は残りの600個を仕上げる）については、水曜になるまで絶縁材《カルトン》はうけとれない。

鋼鉄の締めネジ━７７４・８１５━０００・９８７━400個を０・５０フラン（パーセント）━組立工賃１フラン20━フライス刃１・２。

よそに設置してあるスペイン人女工の小型機械を使って、これらを仕上げる。わたしが真鍮ネジを仕上げているあいだに、眼鏡の調整工が組立を始める。正午すこしまえ、彼がわたしのために準備をしたことなど、わたしはまだ知らされていないのに、彼からだしぬけにフライス刃を交換し、部品をとりに行けと命令される。問答無用といわんばかりに権威をひけらかす命令口調に、わたしはなにもいわずに服するが、ただもうそれだけで、退社するときに、わたしのなかに嗚咽のごとくこみあげる怒りと苦い気持を押しとどめられない。このような境遇にあると、心の奥底に封じこめている怒りや苦い気持が、折あらば心の表層にどっと溢れでてくるものだ。それでも気をとりなおす。あいつは無能な男（スペイン人の女工いわく専業の未熟練工？）なのだ。偉そうな口をきくのもわからなくはない。

1時45分に開始。はじめての機械。1時間近くかかったと思う（スペイン人の女工なら600個を20分ですますだろうに！）。その後、絶縁材《カルトン》をとりに行く。これで時間がつぶれる。（絶縁材《カルトン》はなかった）。若い工員が400個の部品をとりに来る。ルクレルクに絶縁材《カルトン》がないとうったえる。

わたしの知らない男（灰色の作業服）がルクレルクと親しげに喋っている。わたしの理解するかぎりではルクレルク自身がこうむる惧れのある叱責をネタにして。ルクレルクはわたしを見て（理解できなくもないが）不機嫌な顔をする。わたしはその不機嫌なようすに怯《ひる》み、部品を要求するのを忘れてしまう。その後、ルクレルクが作業場をぶらぶらしはじめたが、うかつに近づいて、前回のように荒っぽく追いかえされたくはなかった。それで45分以上つぶす（400個くれた旋盤の調整工を捜しにいくも、無為に終わる。まだほかに部品があるかと思ってのことだが、彼はいなかった）。

ルクレルクがやっと円筒形ネジ4×16をくれる。

鋼鉄の円筒形ネジ4×16━7・010・Ⅲ━013・259━5・000個で4フラン50━組立工賃1フラン━フライス1。

代わりに、やっとこさミシェルに機械を組み立ててもらう。3時半、もう絶縁材《カルトン》の分を請求できない

（勘定書《コント》の清算日なので、3時までしか請求できないのだ）。遅れを挽回する（ためにこそ今日はがんばって来たのに）、むしろ悪化させてしまう。そう考えるだけで、速度をどうこうする気も失せる。なぜなら、この瞬間からわたしのすることについて、2週間後にしか勘定書《コント》の清算はされず、その2週間だってまっとうできないわけで、そうなるとわたしの平均時給がどうだというのか。たびたびの頭痛ですっかり滅入り、自分でも気づかぬままに、のろのろ、うんざりするほどのろのろ働いている。これらの部品は、翌日の正午にならないと終了できまい（それとてすべて完了できるか怪しい）。つまり15時間労働（もしかするともっと）の結果が、18フラン＋3フラン25＋23フラン50で合計44フラン75である。いいかえれば、1時間3フラン稼ぐには、この15時間で45フラン稼ぐべきだったのだ。勘定書《コント》の清算は3時。

火曜［7月30日］。——円筒形ネジ4×16を終了。

［余白に］MPRネジをゴルジェのところで（自動旋盤）。

六角形の大きな頭のMPRネジ。フライスによる刻みがネジの並行する二辺に垂直になるように、ネジを置かねばならない。さもないと仕損じる。鋼鉄ネジはがちがちに硬い。置くときについ回転させてしまう。午後じゅうかけたが（かつ翌日もさらに45分）、1400個（1000個で5フラン、

組立工賃1フラン、合計8フラン）[143]の絶縁材《カルトン》しかできない。1000個の大型の真鍮ネジを隣の機械で作業するために、中断せねばならないからだ。わたしは真鍮ネジの絶縁材《カルトン》をもっておらず、最高でも4フラン50をこえる支払はぜったいにない。6時間15分（またはもっと？）の稼ぎは、8フラン＋4フラン50で合計12フラン50。なんとまあ、けっこうな話！　1時間2フランとは！　さいわい、水曜の朝、わたしは病気になった。

妊娠した女工のための募金《カンパ》[144]。1フラン、1フラン50と集まる（わたしは2フラン）。更衣室での会話（おなじ彼女のために、1年まえに似たようなことがあったわね、云々）。「それじゃあ、毎年じゃない！――えらい不運だけど、まあ、それだけの話よ。だれにでも起こることだし。――そんなに心配なら、……をしなけりゃいいのよ……」。「そんなの募金をする理由になんないわ、あんた、どうよ？」とスペイン人の女工。わたしが「理由になると思う」ときっぱり答えると、彼女もそれ以上はいわなない。

月曜の夕方、翌日は病気で休むと告知するつもりで、仕事を終える。7時に買ったサンドイッチを食べ、林檎酒《シードル》をグラス1杯しか飲まないように気をつける。5時半に（わざわざ）眼をさます。火曜の朝、

143　1000個で5フランの作業を1400個仕上げて7フラン、これに組立工賃1フランを加算して合計8フランとなる。

144　アルストン工場の第5週1月4日木曜と第14週3月7日木曜の手稿にも女工へ募金《カンパ》が言及される。工場では日常的な風景なのか。

プチパンを1個食べる。正午にもプチパンを1個だけ、夕方にはプチパン3個を食べ、ポルト・ドゥ・サン＝クルーまで歩き、眠るためにエスプレッソ・カフェ[145]を飲む。ところが、この食事療法が効いて、すっかり幸福感にひたってしまう……。ただし仕事をする段となると、ありえないほどのろのろとしか進まない。

水曜の朝［7月31日］。——1400個のMPRの絶縁材《カルトン》を終了。あたらしい絶縁材《カルトン》で200個を仕上げる（5フランまたは5フラン8？）。——仕事はひどくのろのろだが、なんとも矛盾する精神状態で、気分は変にうきうきし、体調もいい感じがする[146]。

ルクレルクとゴルジェ［自動旋盤の班長］、1000個の真鍮の絶縁材《カルトン》。ルクレルク、「あんた、辞めたければ、辞めればいいさ」

稼ぎは、27フラン50＋1フラン＋1フラン＋4フラン（？）＋1フラン＋7フラン50（？）で合計37フランまたは40フラン60━理論的には11時間半［34フラン50[147]……］

月曜と火曜［8月5日と6日］。——鋼鉄の円筒形ネジ4×16━5000個を4フラン50━組立工賃1フラン━フライス刃1━7・010　Ⅲ━013・252、帯金《フランジ》の固定。

鋼鉄のMPRネジ——4000個で5フラン80＋組立工賃2フラン━247・327━046・543。

鋼鉄の止め具―２０００個で４フラン50＋２フラン（？）―７・０５０・１２９―０９９・９３７―フライス刃１。

23フラン50＋23フラン20＋２フラン＋９フラン＋２フランで合計59フラン70[148]。

37フラン＋59フラン20の合計96フラン70を、11時間半＋20時間半の合計32時間で達成。

32×３＝96。

したがって３フランを最低時給とみるなら、予定の時間に遅れずに作業をこなしてきたわけだが、そうはいってもギリギリで……あと２週間で12フラン分も挽回せねばならない！


月曜、体調がよくない。工場にもどるが、思っていた以上に、つらくてしかたがない。毎日毎日が永劫のごとく感じられる。暑さ……頭痛……。円筒形ネジ４×16がいやでたまらない。これが「割のいい仕事」とやらなのだ。さっさとやらねばならないのだが、それができない。３時15分に（だと思う）やっと

145　深煎りで抽出時間が短く量も少ないエスプレッソのほうがカフェイン含有量は少ないとされるからだろう。
146　「水曜の朝、わたしは病気になった」との記述があったが、この日は出社している。ただ、つぎの出社は翌週の月曜日なので、木と金は病欠したか。
147　27フラン50＋１フラン＋１フラン＋４フラン＋１フラン＋７フラン50は合計42フランとなり、計算が合わない。
148　この計算は精確。１０００個仕上げて４フラン50のネジを５０００個仕上げて22フラン50＋組立工賃１フランで23フラン50、１０００個で５フラン80を４０００個仕上げて23フラン20＋組立工賃２フランで25フラン20、１０００個で４フラン50を２０００個仕上げて９フラン＋組立工賃２フランで11フラン、以上の合計は59フラン70である。

の思いで終了。疲労困憊、知性を曇らせる苦い思い、嫌悪。恐怖も。フライス刃を弛ませるのではないかという恐怖がつきまとう。それでも弛みは生じる。フライス刃を交換してもらうのを待つ。1回だけ自分ひとりで、だれの助けも借りずに、フライス刃の交換に成功する。きちんと中央に収まっているとフィリップもいう。勝利だ、速度の達成など及びもつかぬ勝利。あらたに気の滅入ることをやらかしたのち、ネジと先端の取っ手《クランク》を締付ける調整法を学ぶ。リュシアンはときどき締付けるのを完全に忘れるのだ……。MPRネジ。ミシェルにあのネジは要注意だといわれる。彼は自分では調整しない。やるのは「眼鏡」だ。前回よりすこしは手早く作業する。それでもまだ、とてもゆっくりだ。

いろいろな挿話、ゴルジェ……
　　ミシェル……
　　ジュリエットの露骨な悪意……

水曜［8月7日］。鋼鉄の固定具をフライス刃1・5で。
円筒形ネジ001・268
　009・182　1000個
　097・384　―　4フラン50（組立は2個）
　097・385　―

精錬銅の環状導管の抵抗器、円筒形ネジ10、フライス刃1・5。

円筒形ネジ002・400
071853　1000個
—50—
—47—
3フラン70

4フラン50×3＋3フラン70×3＋3フラン……

13フラン50＋11フラン10＋3フランで合計27フラン60。10時間半の労働。つまり不足分は4フラン。[149]

木曜［8月8日］。——鋼鉄のボルト締め、円筒形ネジ8、フライス刃1。
737・887—084・094——3000個を〔1000個につき〕4フラン50で——組立工賃1フラン。

精錬銅の環状導管の抵抗器、円筒形ネジ——フライス刃1・5。
6・002・400 — 021・129 — 1000個を3フラン70 ＋1フラン

149　これも3フランを基準にした計算。10時間30分で時給3フランを達成するには31フラン50稼ぐ必要があるので、27フラン60フランとの差額は3フラン90（約4）フランとなる。

7・050・846	058・526	―	を5フラン　＋1フラン
6・007・902	036・107	―	を3フラン80　＋1フラン

13フラン50＋3フラン70＋5フラン＋3フラン80＋4フランで、合計30フラン。
不足分は1フラン50。
つまり合計で不足分は5フラン50。前週で埋めあわせがついたのかも。

〔余白に〕「固定具」の挿話。ミシェル、木曜。

鬱々たる重苦しさ、水曜と木曜。木曜の夕方の清涼さが悦ばしい。よい……

固定具は前日の5時に作業を開始。気を失うかと思ったあの火曜、それほど空気は重苦しく、身体はかっと熱くなり、頭はずきずき痛み……。ジュリエットが「フライス刃1・5を」という。わたしはフライス刃1を外し、数枚の〔フライス刃〕2を交換にいき、うちの1枚を「これがフライス刃1です」といってのけ、フィリップにさしだす。

ルノー工場にて。

ランジュ。作業長《シェフ・ダトリエ》――もと調整工――秩序と清潔さにいやにこだわるが、それ以外は……。いつもしかめっ面、など。班長たちには丁寧な態度。わたしには、まあまあ親切。

班長たち。

フォルタン。なかなかいいやつ……

ゴルジェ。自動旋盤、冗談ずき、感じがいい。

ルクレルク。

エレベーター正面の職制――我慢ならない偉ぶった口調。

ミシェル。

リュシアン[150]。

ロジェ（がルクレルクの後釜）、穴あけ係の女工たちの調整工。

フィリップ、粗野な男、旋盤の調整工。

ぎょろ眼……、背の高い金髪、旋盤担当のもうひとりの調整工。

眼鏡の男……

工員たち。アルメニア人——第1の機械のそばにいるフライス盤専業の未熟練工、とても親切で穏やかな工員で、「そのうち女たちも戦争にいくさ」と冗談をいったりする。——イタリア人——アルメニア人と交替した工員（いい感じ）。

女工たち。ベルトラン——もうひとりの隣人（ジュリエット）——新米——ミシェルと戯れている。子どもがふたりいる褐色の髪の大柄な女——旋盤係の年配の女——イタリア人の妻——穴あけ……

ルクレルク、わたしの班長。——ランジュ、わたしの作業長。

ゴルジェ、自動旋盤の班長——

フォルタン、班長……

ミシェル。留意事項。局留郵便。セーヴル（セーヌ＝エ＝オワーズ）[151]。

エノデ夫人（?）、スフェルノ通り[152]（?）13、ビランクール。（ミシェルがいつもいっしょにいた女）。

シャーロット・ロト夫人――イシー通り[153]7番地の2――ビランクール――。両親の家、ベルトラン姓――サント・クレール広場――ランス[154]。

この経験でなにを得たか。いかなるものであれ、なににたいするものであれ、自分にいっさい権利はないという感覚（これを失わぬよう注意を払うべし）。――精神的に自分だけで充足しうる能力、いつ

150 それぞれの名前のあとの空白に、後日、詳細を記入する予定だったと思われる。
151 セーヴルはセーヌ＝エ＝オワーズ（パリ盆地の旧県名、1964年に三つの新県に分割）に位置し、ルノー工場のある町。職場の近くの郵便局に郵便物を局留にしていたのか。
152 正しくはブーローニュ＝ビランクールの「ソルフェリーノ」通り。口頭で教えられ、聞き違えたのだろう。
153 ブーローニュ＝ビランクールのイシー通り。
154 パリ北東の町ランスのプラス・サント＝クレール。ベルトランはロト夫人の実家の姓か。

表に現われるとも知れず、いつ終わるとも知れぬ屈辱の状態で生きぬく能力、なおかつ自分自身の眼には屈辱的であると感じずにいられる能力。さらに自由あるいは連帯のはかない一瞬一瞬を、あたかも永遠につづくものであるかのごとく、あますところなく強烈に味わいつくす能力。――すなわち生との剝きだしの接触……

もうすこしで身も心もうち砕かれるところだった。いや、うち砕かれたも同然だったといってよい――わたしの勇気、わたしの尊厳の感覚は、ある時期に、あらかたうち砕かれてしまった。その時期のことは、記憶がよみがえるたびに屈辱をおぼえる。もっとも、記憶を厳密な意味でゆるぎなく保持していると仮定しての話ではあるが。苦悶とともに起きだし、危懼をかかえて工場におもむく。奴隷のように働く。昼休みには引き裂かれる苦しみ。5時45分に帰宅しても、さっさと眠って（だが、そうはしない）、きちんと早く起きなければ、と不安でならない。時間は堪えがたい重みでのしかかる。これから生じることへの危懼――恐怖――に胸をしめつけられ、土曜の午後か日曜の朝でなければ解放されない。しかも、この危懼をひきおこす元凶とは、あれやこれやの命令である。

社会によって捏造された個人の尊厳なるものの感覚、そんなものはこっぱ微塵にうち砕かれた。これとは異なる尊厳を鍛えあげねばならない（とはいえ疲労困憊のあまり、自分にもまっとうな思考能力があるという意識すら消えうせる！）。このもうひとつの尊厳を守りぬくよう努めねばならない。

そのとき自分にも自分ならではの重要さがあると気づく。

ものの数にも入らない人びとの階級――いかなる状況にあっても――だれの眼にとっても……、そしてかつてついぞ数に入った例《ためし》もなければ、なにが起ころうとも、(『インターナショナル』の第1節最終行にもかかわらず)今後もまず数に入ることのない、そういう人びとの階[155]級[156]。

ドトゥーフ[157]の質問(労働者の連帯)。

1 気のいい連中かどうか、2 生産者かどうか、という客観的な条件、これが問題だ。なにより肝要な事実は、苦しみではなく屈辱である。

おそらくこの事実にこそ、ヒトラーはおのが力を支える基盤をおいたのだ(愚かな「唯物論」と逆行して……)。

【もし労働組合主義《サンディカリスム》が、日々の生のなかで責任感をあたえることができるならば……】。

155 『インターナショナル』の第1節最終行「われらは無だが、すべてになろう!」への言及。1871年のパリ・コミューン蜂起者への大粛清の最中に作詞され、労働者の連帯をうたう革命歌として各国語に翻訳される。この時期、ヴェイユは不正や屈従に苦しむ労働者や兵士(とくに脱走兵や植民地出身兵の艱難)の歌を蒐集していた。「クラオンヌ歌」の最終聯を引用する。「お銭《あし》のある奴らは安泰だろうて。/おれたちがかわってくたばるんだから。/だがもう結構だ、兵隊たちよ/さあ、ストライキだ。/でぶの旦那方よ、おまえさんたちの番だ/あの高地にのぼるのは/戦争したいおまえさんたちは/自分の生命《いのち》で払うがいい」

156 この手稿以降、奇数頁と偶数頁の内容上の差異はなくなる。

157 ドトゥーフについては訳注2を参照。

人間というものは、つねに、自分自身のために、自身ならではの価値をあらわす、外的な兆候《シーニュ》を必要とする。

以下の観察をぜったいに忘れるべからず。すなわち、わたしはつねに、粗野とみえる人たちのなかにこそ、心の寛大さをみいだしてきたし、個々の概念どうしで直接つながりあう機能を有するもろもろの一般概念へと開かれた資質をもみいだしてきたことを。

〔余白に〕〔労働者の〕参加を念頭においた技術的な講義……

ロジエール——ベルナール[158]——

2分の1の確率で、良い工員が悪しき班長となる［ベルナールにモリヨンの話をすること］。組織化の才能は、**どこから来る**のかを自問する……（なにかしっくりこない）。ベルナールと主任技師は、実質的におなじ領分を担当する。

14—18、工具類の軍需生産への応用。デカルト的方法論（困難の分割[159]）。

さまざまな詳細にみちた一日。それら詳細**との関わりのなかで**、組織化の本質的な問題が浮きぼりになる。

詳細の規則。（1）話しかけてくる人たちの**責任**の領分外にある。（2）あるいは解明するには困難がありすぎる。

〈例。ドトゥーフ——部下がやって来て、なんらかの難題をもちかける。10分の9の確率で、彼はそれでよいと同意する。10回めに、みごとな提案をする。部下はいずれの場合も満足する……。例、トル

158　工場就労後の1935年9月末、ヴェイユはふたたび高等中学の哲学教授としてフランス中央部の都市ブールジュに赴任する。そこの教え子にロジエール鋳造工場の所有者兼経営者エティエンヌ・マグダレナの娘がいた。そのつてをたどってロジエール工場を訪れることができたヴェイユは、見学の後、技術部長のベルナール技師を質問攻めにした。その後ふたたびベルナールと会い、何通も手紙をかわす。ベルナールが編集・発行していた機関誌『仲間うちで——ロジエール通信』（1936年5月16日号）に、ヴェイユの翻案した『アンチゴネー』が掲載され、つづいて『エレクトラ』も翻案したが、こちらは掲載されなかった。翻案の意図をヴェイユはベルナールへの手紙でこう記した。「（わたしの熱愛する）ギリシア韻文の傑作を一般大衆に近づきやすいものにするという計画です。〔……〕わたしは『アンチゴネー』から始めました。わたしの意図が成功したのであれば、すべての人の興味と感動を惹きおこすことができるはずです。工場主から下っ端の未熟練工にいたるまでです。それに後者の場合、ほとんど苦労なくその世界に浸れるでしょう」

159　デカルトの四規則の第二「検討する難問の一つ一つを、できるだけ多くの、しかも問題をよりよく解くために必要なだけの小部分に分割すること」。『精神指導の規則』の規則第五はより詳細に方法論の意義と手順を述べる。「方法全体は、何らかの真理を発見するために、精神の力を向けるべき事物の、順序と配置とに存する。しかして、複雑な不明瞭な命題を、段階を追うて一層単純なものに還元し、しかる後、すべての中で最も単純なものの直観から始めて、同じ段階を経つつ、他のすべてのものの認識へ、登り行こうと試みるならば、われわれは精確に方法に従うことになるであろう」（『方法序説』谷川多佳子訳）

ストイ〉

工程図や図表など。職制たるもの、これらすべてを、苦もなく想像できねばならない。いうまでもないが。

事象を眺めるのではなく、むしろ統計を眺めることで、着想を得なければならない［注目すべき……］。

《彼は技師の仕事もする、たとえば新型機械の研究など。》

精神の形成。化学的な分析。

主たる仕事。もろもろの作業の整合性、達成の速度《リズム》……

ロジエールの工場。

未熟練工の10分の9

溶鉱炉《ボイラー》のなかで、鋳鉄を熔解する。

砂状鋼の鋳型のなかに、鋳鉄を流し込む。

手動プレス機――砂を圧縮するための水圧式。機械4基（国立工芸学校卒の技師により1927年に開発された）。

砂状鋼は自動的に流れて――ローラーの下を通り――コンベアで運ばれるのだが、このコンベア上で鋳鉄が流し込まれる。

最初の1基は40万フランした。

穴あけ、研磨、回転砥石《グラインダー》による鋳張り除去の作業場、プレス機1基につき、ひとりの女工。

数人の女工が立っていて、うちひとりが機械（種類は？）を操作する。その機械で非常に重いものをもちあげねばならない。

組立の作業場。

すべての部品が**整然と**並べられた2列の棚のあいだに、工員がひとりずつ。男も女もいる。部品によってはかなり重そうだ……

エナメル掛けの作業場。

機械の作業場（数人の旋盤工、フライス盤工、調整工）（姿を見かけなかったが、もうひとり工員がいたはず）。

ベルナール氏、技術部長、もとは化学者だった（免状はなし？ それで部長になれるのか？ さらに詳細を訊くこと）。

さまざまな揉めごとがおき、工場での労働の1日につき、平均で1時間が失われる……

昨今の状況下で、垂直に減少していく仕事の量。

鋳造工——3層ガラスの眼鏡。装着しないことも。なぜか。調子《テンポ》の妨げになるからではなく、使いにくいからだ（ほんとうに？）、とベルナールはいう。

エナメル工——鉛中毒を避けるため、ガラス製のケージのなかで息をする。頭をケージに突っこむ者もいる。

安全規約違反で解雇。

ポーランド人の工員たちは**指示される**必要がある[160]。

技師、製図工、人事課長、ベルナールの指名する工員で構成される安全委員会（頭のいい連中と「けんかっ早い連中」——）。

A〔オーギュスト・ドトゥーフ〕は未解決のあらゆる問題を解決するために——とりわけ詳細にこだわり——多くの予想外のできごと……。みんなが彼に会いにきて、……1週間に1度、彼は技師たちを集める。

賃金の平均

男、30フラン程度（32フラン……）

女、20フラン、21フラン……

マグダレナ一家[161]の息子。

27歳――3年前に国立工芸学校を卒業し――工場のなかで育った……長男。

高等数学は精神の体操であって、彼の考えでは、他をもって代替できないものだ――

故障した自動車の運転手にたいする彼の態度――彼の母とあの嫌味なブルジョワ女の反応［「葡萄酒で彼の自動車が動くわけじゃあるまいし」――「運転手に話しかけないで」（いったい何様のつもりか）］。

マグダレナ夫人。

嫌味なブルジョワ女……

精神の明晰さ、厳密さ、決断力を堅持するためには、**酷薄に振るまう**必要があるのか？

高等数学もまた「内省する力を殺して注意力を育成する」（シャルティエの例[162]）のではないか。

こういう人たちにあって、金銭の問題はいかなる役割を演じるのか。

---

160 ベルナール技師への手紙にポーランド人労働者への言及がある。恐慌時の人員整理のつねとして外国人から解雇する手続に、多分に個人的感情のいりまじる恣意的な権力を解雇する側にあたえ、いつ槍玉にあげられるか知れぬ理不尽な恐怖で解雇される側をおののかせるこの手続に、ヴェイユは異議申立をする。やむをえないときは「年功」「扶養家族数」「抽選」などにもとづく合理的な規準を周知し実践することで、いかなる「倫理的利益」をもたらしうるかを考慮してほしいと嘆願する。

161 ロジエール鋳造工場見学の際、エティエンヌ・マグダレナの妻と息子、ブールジュ司法官の妻が同行していた。このあとの「あの嫌味なブルジョワ女」は司法官の妻と思われる。

162 労働を介して抑圧の仕組《メカニスム》を解明するもくろみを告げたヴェイユに、アランは戦争の分析を優先すべきではないかと答えている。「抑圧の分析は、まずは戦争とその手段から始め、最後にあからさまな一種の抑圧である訓練そのもので終わるほうが、いっそう容易なのではないでしょうか。いずれの場合にも、内省する力を殺して注意力を育成することが肝要なのです……」（訳註**124**を参照）。

大砲製造工場群の工員養成所（1927年）[163]。

15工場に2200人の男女工員――数千もの専門の整備士《メカノ》。――工場長、次長、局長、さらに将校も。事務長または作業長《シェフ・ダトリエ》を務めるのは将校または文民（ときに技師も）。――下位にあるのは文民。

独立採算制ではない。融資、数百〔……判読不能……〕万以上。**まずもって**最上の品質を求める。

ある種の機械、工具、測定機器は**特製である**。

熟練の人材。

特別な教育をうけた優秀な人材（器材一式の用法を知っている）。

合理化を率先して実施し（189…年）、予算削減の迅速さなど。

定員超過の人材。

有資格の工員――かつて、技術は単純だった。

見習制度の破綻、ル・シャプリエ法[164]のせいで。

専業の未熟練工と並んで、機械の製造と調整、工具と測定・検査機器の製作、未熟練工の労働の導入と監督にあたる選良工員《エリート》が必要である。

1899年、理論上の指示、構想、鉄鋼の先端工学《テクノロジー》、幾何学と機械工学の不可欠な観念。

実践、すり合わせ工具と旋盤の用法と製作。工員の指示にもとづく、機械類の作動、組立および分解。

年齢、15歳、1日10時間労働。

1904年、2年の教育。

1912年、最年少者には3年の教育。

1年は**純然たる実地訓練**。

共通教育の期間。

戦後。

将来の職工長と製図工の養成。

1925年、3年半の教育。

フランス人の大半はすぐさま職につく。

フランス語――文法、綴字法……(文学はない)。

数学――「証明にこだわらない」。――具体的な問題に近い実践的な応用――代数の観念(どこでもと

163 ブールジュに軍需関連の鋳造工場が建設されたのは第二帝政期。1902年には工員養成所が設立され、全寄宿制で選良主義的な教育がおこなわれた。ヴェイユのかかげた数字はブールジュにかぎらずフランス全土のものと思われる。かかる教育をうけた熟練工はある意味でヴェイユの理想の労働者像に近い。

164 「同一の身分および職業の労働者および職人の集合に関する法令《デクレ》」の別名「ル・シャプリエ法」は、フランス革命期に定められた団結禁止法(1797年)をさす。理念上は、同業組合の廃止により労働の自由と産業発展の推進をめざすはずが、実質的には生産者や商人の独占的活動は制限されず、かえって労働者の生活は困窮した。

はいかない）。

幾何学、三角法、機械工学――製図と先端工学を念頭においての――

製図。――講義――単純な見取図《クロッキー》――機械部品の単純な小企画――

先端工学（その要点）――それぞれの素材の特性など。

ときおり、労働組織についての講演。

初年度。

教官役――通常は人事部の人員――手当はわずか……ときに地域の教師も――

特別講義。

あらゆる職種をこなすための実習。鑢《やすり》――歪み取り――焼入れ――工具の研削と整備――機械－工具類の主要な型の用法と組立と分解――多様な速度の活用。

初期、全員におなじ仕事（電気工、組立工、まずは調整工）――3か月または1年――

指導員（選良の工員）。旋盤工、調整工、電気工、作業場で働くそれ以外の工員。

仕上げの6か月は作業場での実習。

分類　フランス語　5点
算数、幾何学、三角法　5点
機械工学、先端工学　5点　最後の30か月の評価点
製図　5点

実習　10点
親方作品[165]　10点
1年につき230万フラン（各クラスに15人の分）——
そのうち選良工員または職工長になれるのは、ひとりかふたりだけだ。

［余白に］ファヨール[166]。『産業ならびに一般の管理』「鉱業会社紀要」1916年。

メルラン工場（ヴィエルゾン）。
建物2棟。
ヴィエルゾンの建物——事務
　　　　　　　　　　冶金
　　　　　　　　　　金属加工

165　中世の同職組合で一人前の親方になる審査を求めて提出した製品をさす。ここでは一定の課程を修了し、技能を修得した証として、修了試験のかわりに製作する工具類を意味する。

166　アンリ・ファヨール（1841—1925）はフランスの鉱山技師・企業経営者・経営学者。フレドリック・テイラーと並び称される経営管理学の父祖。主著『産業ならびに一般の管理』で企業経営の最重要因子は適正な管理であると指摘し、管理過程論の骨子（企業の6職能―技術、商業、財務、保全、会計、管理）を示した。ヴェイユは管理の職能を重視するこの理論を反面教師として、生産・製造・加工の技術部門への（技術者だけでなく）労働者の参画の可能性を探った。

2キロ離れた建物

木工
組立
金属加工
同上
製材

旋盤を回す工員。15年、20年、30年まえから……。製造業の労働者――その他の労働者、大量生産。

すべてが出来高払い――1時間約5フラン。

男の工員たち。

わたしを案内した社員、ひとつの典型――いささか「ジャック親方[167]」風……

木工の現場監督。

組立の現場監督（技術者、導関数を除く代数学――専業の未熟練工に逆戻りする専門工の話。ほぼ50パーセントが機械労働に順応し、木工の現場監督に協調的だそうだ）。

金属加工の現場監督（鋳物《ボイラー》）――（いいやつ！）。

製図工への不平をぶちまける旋盤‐労働者。

きわめて頻繁な変更。とりわけ金属加工において（だが工員たちは気づかない、気づくのは職制のみ……）。

ブールジュの「黄金の雉《きじ》」で。夕食。空港で働くふたりの労働者［若い未熟練工なのは確か――そもそも工場に有資格の労働はほとんどない、と思われる］。そのひとりが、仲間《ダチ》とつるんで、酒場《バール》で、どうやって給仕の女をいじめたかを、嬉々とした口ぶりで披露する。「あの女、うんともすんともいわなかったぜ」「1時間の給仕のあいだずっとさ」。相方のほうはちょっと気詰まりな感じだったが、それでも笑ってはいた。

Δετ[168]

労働者の連帯？　匿名の連帯などない――
（たとえばルイゼット……）
自分にもあたえるべきものがあるという
　感覚を、彼らにいだかせる――
労働者の代表、解雇の脅威にたいする保障

労働者による経理管理？
勘定書付の報告書？
技術および機構の刷新？

167　モリエール『守銭奴』の登場人物でアルパゴンに仕える家事万端をこなす「なんでも屋」。
168　ギリシア語のアルファベット3字「Δετ（Det）」はドトゥーフ（Detoeuf）をさす略語。

職権は？

保障

一時解雇のための機構

諸要求

会議？

浪費を抑える奨励金？

讃辞——補足的な配慮、いかにして……？

提案の2工場

1工場は会社の利益《ビアン》のため

大衆化——……を準備する

1工場は労働者の利益《ビアン》のため

理由……

技術刷新

浪費

官僚主義的な揉めごとを語る……

「資本主義者にたいする陥穽《わな》」。設備の一新。ある企業が減価償却ずみの設備を一新する。他企業もおなじことをせねばならない、たとえ減価償却ずみでなくとも（総合ではなく個別原価で算定されるから）。ひと廻りしてとばっちりをうけるのは最初の企業……

苦しんだことのない人間のおめでたさ……

一様の達成率《リズム》。手を使う仕事でそんなことが可能なのか。

機械は思考の介入をいかにわずかなものにせよ排除する。完了した操作を意識することさえも。

達成率《リズム》がこれを妨げる。

（ギエヌフと小さな取っ手《クランク》……）。

工場の神秘

I　機械の神秘

ギエヌフ。[169] 数学を学ばなければ、機械は工員〔労働者〕にとって神秘となる。機械において維持される諸力の均衡が理解できない。ゆえに、機械について安心できない。例、金属に合わせてそのつど工具を交換するのではなく、鋼鉄とニッケルの両方をローラーで円筒化する工具を、手当りしだいに捜しだ

169　ギエヌフ（190―192頁を参照）はアルストン工場の倉庫係プロメイラ（訳註**13**）と並び、人間としても労働者としてもヴェイユの尊敬を得ていた。手作業と機械操作に習熟したのち、30歳すぎてから数学と機械工学を修得した稀有な例として、ヴェイユはギエヌフを絶賛する。以下の一節では、経験を頼りに合致しそうな工具を「手当りしだいに捜し」だす旋盤工と、不要な試行錯誤の必要なく「まっすぐ作業にむかう」ギエヌフとの対比が強調される。

してきた旋盤工。ギエヌフにとっては、たんなる切断にすぎないので、さっさと仕事にかかる。くだんの旋盤工は、迷信じみた敬意をもって機械に接する。うまく作動しない機械についても然り。あれやこれやの部品を機械に組みこむべきなのは、工員にもわかる……だが、しばしば修理の必要が生じて、その後とりあえず作動はするものの、磨滅をいよいよ速めたり、あらたな故障をまねいたりする。技師ならそんなことはない。たとえ微分法そのものは使わないにせよ、素材の抵抗を調べるのに微分式を適用し、機械をさまざまな力の相互作用にもとづくものとみなし、精確な概念に達しうる。

動かないプレス機とジャコ。ジャコにとって、このプレス機はあきらかに神秘であり、作動を妨げる原因もまた神秘である。いまだ知られざる要因としてのみならず、いうならば、即自的に、それじたいとして神秘なのだ。とにかく動かない……。機械が拒否しているかのごとく。

プレス機についてわたしが理解できないこと。ジャコ、そして10回もつづけて切断するプレス機。

Ⅱ　製造の神秘

もとより工員は、各部品がいかなる用途を有するのかを知らない。（1）ある部品と他の部品がいかに結合するのか。（2）ある部品にいかなる一連の操作が加えられるのか。（3）仕上がった全体が最終的にいかなる用途を有するのか。

だが、これにとどまらない。作業そのものにおける原因と結果の関係性も、理解されてはいない。

機械ほど教育の役にたたぬものはない……

Ⅲ 「熟練《コツ》」の神秘

回路から絶縁材《カルトン》をとりのぞかねばならない。初めのうち、木槌で打って絶縁材《カルトン》を分離するすべを知らなかった。そこで梃子の原理について推論するも、ほとんど役にたたず……。その後、どのように習得したのか、どのような手順で進めているのか、自分でもいっこう理解できぬまま、みごとにやってのけていた。

機械を使う労働（他の労働でも？）の場合、手先の器用さにかかわる根本原理。説明不足〔この語は余白に記載〕。それぞれの手は単純な操作をひとつだけおこなう。たとえば、金属ベルトの作業。片手で押さえ、片手で止め金具に当てがう。――金属板。手でつかんではならない。手の上にのせて、親指で止め金具のほうにすっと押しやる。――研磨ベルト。片手で押さえ、片手で引っぱり、ベルトに部品を回転させる、など。

グリヴォー。

X《イクス》[170]。――造船工学。

ドトゥーフ。

X《イクス》——土木工学。
初めは、工場長兼代表取締役。現在は、自分の仕事を軽減すべく、べつの工場長を養成した。
製造技術にまったく無知なまま、企業〔アルストン社〕の最高責任者に昇りつめる。[171] 1年ほどは途方にくれた。

「工場長とはいっさいの責任をひきうける機械である」「工場長ほど愚かしい職業はない」「良き工場長はなかんずく良き技術者たりえない。ほら話を鵜呑みにせずにすむだけの知識があればよい」

のぞましい改革

さまざまな機械‐工具がひとつの作業場に並んでいる。その横に組立場。各労働者に全体を俯瞰させる意図をもって、工場内の設備を**配置する**——（当然ながら調整工の体制の廃止が想定される）——

専業化は頽廃をまねく　工員にとっても
機械にとっても
工場の各部署にとっても
【技師にとっても？[172]】

工場の組織

腰掛け、箱《ケース》、油の壺などの不足。

行き当たりばったりの計時。しかも、伝票を〈流す〉まいとして、ぎりぎりの限界まで力を振りしぼり、疲労困憊するのは、哀れなほど微々たる賃金しか支払われない仕事のためなのだ。（参照、ミミとの会話、第7週の火曜）。――1時間2フランを稼ぐために疲れはて、死にそうになる。それも、仕事そのものの必然性ゆえに死ぬほどがんばらねばならぬ、というわけではない。たんに計時係《クロノ》の気まぐれと手抜きのせいで、そうなるのだ。なんの成果もないのに死にそうになる。主観的にみても（賃金）、客観的にみても（完了した仕事）、骨折りと成果とで釣合いがとれない。だから、存在の奥深くにまで屈辱をおぼえ、自分はまぎれもなく奴隷だと感じる。

なぜかプロメイラは、計時係（スゥシャル）を買っている。なにせ経営陣と女工たちとの板挟みになっているわけで、まあ、ひどくむずかしい仕事だからね、と大目にみる。とりあえず、とプロメイラはいう、やつが後ろに控えていると、女工たちがはりきるのさ。誤った時間が記されることもあるが、

---

170 理工科学校《エコル・ポリテクニーク》の学生または出身者の略称。

171 おなじく理工科学校出身でアルストン社で工場長を務めたドトゥーフは「良識《ボン・サンス》と論理《ロジック》雇用者／論理なき良識――被雇用者／良識なき論理：厄災《カタストロフ》。かくて理工科学校出身者の多くが失敗する」と自著 *Propos de O.L. Barenton, confiseur, ancien élève de Polytechnique,* 1938 に書いた。

172 ヴェイユの構想は、細分化された作業の全貌を工員が俯瞰できる一種の「全展望監視体制《パノプティコン》」である。機械の前調整と工具の組立をおこなう調整工の体制を廃止して、各工員に不可欠な学科教育と実施訓練の機会をもうけて、自分の機械に必要な調整と組立をおこなえる体制への移行を考えた。

〈流さなかった〉伝票は後から訂正できないからな。

それぞれの作業につき生じうる過ちは、数量的に限られており——かつ軽微なもので——、工具を壊すか、部品を仕損じるか、のいずれかだ。工具の場合、作業の種類ごとに生じる過ちは、むしろ数えるほど少ない。これら生じやすい過ちについて、調整工が女工に指摘しておき、彼女らにまずまずの安心感をあたえるのは、むずかしくはない。

［次頁の余白に］作業長《シェフ・ダトリエ》の役割。

プレス機も**専業化**しているかを確認すべき。専門用語の一覧表を作成する試み——歪み取り用プレス機。——ビオルの金属型打ち鋳造機。——

職制と事務職。

ムーケ（作業場）。

計時係《クロノ》（スゥシャル、褐色の髪の小柄な男）。

ブレイ夫人（?）。

シャルル氏。

……プレス機の班長。

——————

ガラスの小部屋——

カツゥ　　――穴あけ班長。

もっとも興味をひくのは、文句なくムーケである――計時係、おぞましい男――女工たちに下品な振るまいをするようだ――「いつも最悪の方向に追いやる」――計測の時計はたいてい適当――わたしは一度も話しかけなかった――プロメイラは彼のことを悪く思っていない。

ムーケと部品。最初の5日間、わたしはそれらの部品から絶縁材《カルトン》をとりのぞくのについやした。

ムーケ――苦悩の刻まれた彫りの深い顔――修道士の雰囲気をただよわせ――いつも緊張している――「今夜、そのことを考えておこう」。――愉しげなようすをみたのは一度だけ。

調整工。

イリオン（職制）――レオン――カツゥ――ジャコ（工員にもどる）――ロベール――ビオル。

女工。

フォレスティエ夫人――ミミ――ミミの妹――トルストイ崇拝者――ウジェニー――その同僚《ダチ》のルイゼット（子どもがふたりいる寡婦）――ネネット――赤毛の女（ジョゼフィヌ）――猫《シャ》――子どもがふたりいる金髪の女――夫と別れた女――火傷をした子どもの母――わたしにプチパンをくれた女――慢性

気管支炎に罹った女[173]──子どもを失くした女、しかも、いなくてさいわいだわ、最初の夫も「さいわい」亡くなったのよといい、8年まえから結核を患っている女（これがウジェニーなのだ！）──イタリア人の女（だれよりはるかに［感じが］良い）──アリス（だれよりはるかに［感じが］悪い）──デュボワ（ああ、お母さん、あなたがわたしの姿をみたら！）──病気でひとり暮らしの女（ピュトーの住所を教えてくれた）──歌をうたう旋盤女工──ふたりの子どもと病気の夫のいる女。

ミミ──26歳──8年まえに結婚した夫は（アンジェでは知られた）建設会社の作業員で、シトロエン社で2年働き、優秀な工員だが現在は失業中。彼女はアンジェの織物工場で働き（1日で11フランぽっち！）、6年まえにアルストンに来た。──「食いぶちを稼ぐ」のにまずまずの速度を身につけるのに6か月かかり──それまでに、とても無理だと思い、しょっちゅう泣いた。──その後も1年半、速度をあげ、手ぎわもよくなったが、（失策《へま》をやるのが怖くて）たえず神経をぴりぴりさせて働いた。2年たってようやく、「くよくよ心配せずにすむ」程度に自信がもてるようになる。

（自分のしていることがなんだかわからなくて苛々すると、わたしがいうと）、彼女はこう答えた。「あたしたちを機械だと思ってるのよ……あんたらにかわって考えるために、おれたちがいるんだってね……」（まさしくテイラーの言葉どおり。ただし彼女の言葉には苦い気持が混じる）。

彼女に職業上の自尊心《プライド》はない。例、第6週の木曜の彼女の答。

平均的な女工と比べて、はるかに俗っぽさがない。

「**ネネット**」（オベルティ夫人）。35歳ぐらい？――13歳の息子と6歳半の娘。――寡婦。――衛兵の連隊全員の顔をも赤らめさせる軽口や打明け話が、会話のほぼすべてを占める。――驚くべき快活さと生命力の持ち主――優秀な女工、ほとんどいつも1時間4フラン以上を稼ぐ。2年まえからこの工場で働く――

しかし――教育にたいへんな敬意を払う（息子のことを「いつも本を読んでいる」と語る）。

おおむね仕事待ちの中断でつぶれた週は、彼女のかなり俗っぽい陽気さもさすがに影をひそめた。「小銭《スー》1枚だって律儀に数えるのさ」

息子について。「あの子を作業場にやるなんて、そんなこと考えるだけで、とうてい正気じゃいられないさね」（とはいえ表面的な観察者なら、彼女は作業場でけっこう愉しくやっていると思うだろう）。

ジョゼフィヌ。[174]

---

173 「で、ひとり暮らし」と追記され、ついで線で抹消されている。

174 つづく手稿の上方に「ウジェニー（夫人）」と記載。

工員。

倉庫係（プロメイラ）

経歴。

農村に生まれ——12人の子どもの家庭で育ち——9歳で牝牛の世話をし——12歳で初等教育修了証書[175]を取得し——〔第一次大〕戦前は工場で働いたことがなかった。さまざまな整備工場で働くが——研修をうけたことはなく、〔社会人むけの〕夜学で修得したもの以外の技術的または一般的な素養《キュルチュール》もない。（既婚者だったが）アルペン猟歩隊の支部長（?）として戦う。蓄えてきたいくばくかの小金《スー》をこの時期に失ってしまい、除隊後は工場で働かねばならなかった。最初の4年間にどんな仕事をしていたか、わたしは知らない。その後の6年間、べつの工場でプレス機の調整工をやる。——さらに直近の6年間、アルストンで工具在庫を管理する倉庫係を務める。——彼いわく、自分はどこでも穏やかに仕事をしてきた。それでも、自分みたいに長く機械仕事はしないほうがいいと、わたしには忠告する。

仕事。

注文票に記載された工具を渡す（だれにでもできる）。

ときには代替可能な他の工具を示して、注文票を修正する。たとえば加えるべき操作を3から2に変え、会社の経費を節減する。そういうことは幾度もあった。——（よっぽど自信がなければできない！）

——だから彼には、自分は得がたい人材であり、だれにも文句をいわせないぞという自負がある。

素養《キュルチュール》。

技術的な素養。旋盤を熟知――フライス盤も――すり合わせも。操作手順をあざやかに説明する（調整工とは大違い）。

一般的な素養はどうか。自分の意見をきちんと表明する。だが、ほかになにがある？

ヴァイオリン弾き――大柄の金髪の男――溶鉱炉の男――『自動車《オート》』の読者――穴あけ係の親切な男――溶鉱炉で手伝ってくれた若い男――若いイタリア人――わたしの「許婚《フィアンセ》」――切断機の灰色の服の男――若い切断工――ブルトネ――新米の未熟練工――空輪係の男――機械修理の2班（……）［ビオルの機械――イリオンの機械］。

人間の生において重きをなすのは、数年――または数か月――または数日――の期間を支配する種々のできごとではない。1分がつぎの1分につながるその在りようが重きをなす。各自の身体において、

175　1881年からはすべての公立小学校の義務化と学費無料化が実施された。義務化にかんしては6歳から13歳までの全児童が対象とされたが、11歳で初等教育修了証明書を得た生徒は、残余の教育機関を免除された。1936年には義務教育年限が14歳まで延長された。

心において、魂において――なかんずく注意をそそぐ能力を行使する瞬間において――1分また1分とこのつながりを実現するために、厳しい代価を求める、その在りようがたいせつなのだ。

もし、このわたしが小説《ロマン》を書くなら、従来にない完全にあたらしいなにかを創りだすだろう。

コンラッド。本物の水夫（いうまでもなく指揮する立場）とその船とをつなぐ一致《ユニオン》。この一致により発される命令のひとつひとつは、躊躇もなく疑念もなく、霊感《アンスピラシオン》に導かれねばならない。前提とされるのは、熟考にもとづく内省とも隷属的な労働ともまったく異質の、**注意の配分**《レジーム》[176]である。

問い。

1　ときには労働者と機械のあいだにも、これに類する一致《ユニオン》が存在しうるのか。

2　かかる一致が存在する条件とはなにか。

（1）機械の構造にあるのか。

（2）労働者の技術的素養にあるのか。

（3）労働の性質にあるのか。

いうまでもなく、かかる一致こそがまったき幸福の条件だ。もっぱらこれのみが、労働を芸術の等価物となす。

〈あらゆる〉数学的操作にあっては、峻別すべきふたつの事象がある。

1　もろもろの**記号**《シーニュ》は、約束ごとにもとづく法則とともにあたえられるのだが、それら相互の関係性について、われわれが知りうることはなにか。**記号そのものとして**理解された**あらゆる**記号の組合せ《コンビネゾン》（群論のように？）に妥当する理論を築きあげるには、記号の組合せをめぐって、相当に明晰な構想に到達せねばなるまい。

2　もろもろの記号の組合せと現実の諸問題とのあいだに、自然が措定する関係性（この関係性は**つねに**ひとつの**類比**《アナロジー》のうちに存する）。

したがって**これらの組合せ**を、人間の労働の**現実の**諸条件にとってますます類比的なものとすべく、これらを創りあげる人びとのたゆまぬ努力のなかにも、**記号からなる級数**《セリー》が認められる。

記号そのものとして理解されたあらゆる記号の組合せについては、もろもろの困難の包括的な目録《カタログ》が

176　コンラッド（本名ユゼフ・コジェニョフスキ、1857―1924）はポーランド出身の小説家だが英語で執筆した。同時期の「雑記帳《カイエ》」にもコンラッドへの言及がある。「船。真の水夫は、自分の船に関係することを、自分自身の身体によって伝えられる信号と同様に、瞬時にして知覚するにいたる（参考、コンラッドも）。例、航路標識――帆――船の位置と運動……。／このように、手段がそれを用いる人間にとって自分自身の身体の延長のようなものとなり、直接彼の魂に信号を伝達してくれる場合にはかならず、責任、創意、その他、要するに行動が存在する。そこに労働の真の本性が宿っている」

必要だろう――時間と空間にかかわる困難をも考慮して。

その応用については、洞察にあふれる研究をすすめるなら、応用が諸記号に内含されるとされる諸事象をあらわす特性（隠された性質）に依拠するのではなく、**もろもろの操作に認められる類比**にこそ依拠することが、おそらく解明されるだろう。

数学にもとづく応用の一覧表が必要だろう。

科学を包括する構想は存在しないのだ……

フェーリング[177]。

彼の性格。

彼の言葉。

わたしの仕事について。

企業の組織について。

数学について。

事象から象徴［しかも象徴はますます抽象化しつつ］へと、象徴から事象へと、上昇と下降をたえずくり返す運動。例、幾何学と群論（不変式……）［連続――不連続……］。

労働に含まれる困難の一覧表を作成すべきか。——むずかしい。

労働からなる級数《セリー》をも作成すべきか。機械工学は数学と**もっとも近しい関係性**を有するのだから。

自身に呈すべき問い。


機械労働において「熟練《コツ》」のはたす役割。この熟練《コツ》を多少とも意識するさいの特徴。

〈例、倉庫係、その対極にある調整工たち、なかんずくあの下劣なレオンのやつ[178]〉。


機械労働にかんする普遍的概念。もろもろの運動の組合せ《コンビネゾン》。たとえばフライスによる切削。整然と分類された諸例のうちに純粋な概念を現出させる……

177 フェーリングについては、46頁および注50を参照。
178 「あの下劣なレオンのやつ cette brute épaisse de Léon」は訳註**110**の「いまいましい調整工の青二才」とおなじくかなり強烈な悪態。

〈機械使用については、シャルティエも表層的かつ初歩的な見解にとどまっている〉。

物理学をふたつの部分に峻別すべきだろう。
1　観想の対象たるべき自然現象（天文学）。
2　労働の素材にして障碍たるべき自然現象。
幾何学、物理学、［実用］機械工学を分離してはならない……

絶対的に**純粋**であり——同時に直観的かつ具体的であるような、**推論のあらたな方法論**。

デカルトはいまだ三段論法から解放されていない。

「第三種の認識[179]」についてあらためて熟考し、——「身体が能力を多く得るほどに……魂は神をより多く愛する[180]」という定理とむすびつけること。


責任を負う者がいないがゆえに、**だれひとり**対処しようとしない諸問題——困難——避けうる紛糾や浪費が、企業のなかに存在するかどうかを知ること。だが、どうやって知るのか。ドトゥーフに尋ねるのか。むずかしい。定義からして彼が知っているはずもないのだから。

労働は二様の在りかたで苦労の多いものとなる（尋常ならざる苦労ともなりうる）。一方で、物質お

よび自己自身にたいする勝利へとつづく闘いに由来する苦労として感知されうる（たとえば溶鉱炉）。他方で、品性を貶める隷属状態に由来する苦労としても感知されうる（第6週と第7週の0・45パーセントの賃率で仕上げる1000個の銅部品など）。［中間的な状況もある、と思う］。どこに相違があるのか。賃金もいくらかは関係するだろう。だが本質的な要因は、あきらかに苦痛の性質にある。これらを精確に区別し、さらに可能ならば、分類するためにもっと緻密に研究せねばならない。

数学の**批判学**なるものは、比較的やさしく構築されうる。ただ、これをまったき唯物主義の観点からおこなわねばならない。**手段**（記号）は、デカルト、ラグランジュ、ガロワ、その他多くの偉大な精神

179　スピノザは認識を「臆見 opino」「表象 imaginatio」と呼ばれる感覚・経験を通して獲得する「第一種の認識」、「理性 ratio」による論理的推論にもとづく「第二種の認識」、「直観知 scientia intuitiba」による「第三種の認識」の三種に分け、第三種の認識は「神のいくつかの属性の形相的本質の妥当な観念から事物の本質の妥当な認識へ進む」と述べる（『エチカ』第2部備考2、定理41、定理42。第三種の認識については『エチカ』第5部定理25―38以降にも詳しい。

180　「きわめて多くのことをなすのに適する身体を有する者は、悪しき感情に捉われることがきわめて少ない。〔……〕ゆえに彼は〔……〕身体の諸変状を知性に相応した秩序において秩序づけ・連結する力を、したがってまた〔……〕身体のすべての変状を神の観念に関係させる力を有する。この結果として彼は〔……〕神に対して愛に刺激される。そしてこの愛は〔……〕精神の最大部分を占有ないし構成しなければならぬ。これゆえに彼は〔……〕、その最大部分が永遠であるような精神を有する」（『エチカ』第5部定理39証明、畠中尚志訳）

の裏をかいたのだ[181]。デカルトは『精神指導の規則《レグラエ》』のなかで、記号の問題は本質にかかわると悟っていた。それも、たんにその精確さや厳密さにとどまらず、操作しやすさや滑らかさなど、表面的には副次的とみえる諸性質も本質にかかわるという意味で。これらの性質に含まれているのは度合の差にすぎぬと思えるが、現実には事態はまったく異なるのであり、記号においては他の領域における以上に「量が質に変わる」[182]のだ。だがデカルトは道なかばで歩みをとめ、彼の『幾何学』はまるで大向こうを唸《うな》らせる俗流数学者（一流の、にせよ）の著作かと思わせる。入念で詳細なだけの記号の批判学なら、容易であるし有益でもある。だが実証的で洞察にみちた概略ともなると、たいへんな難題である。

〈記号と官僚主義〉

明晰なる思考の**物的**条件を探求すること。

世界との**あらゆる**接触のうちに歓びをみいだすことは、いかにやさしく（しかも、むずかしい！）ことか……

悟性を行使するむずかしさは、どのあたりにあるのか。われわれが真に熟考しうるのは個別のものにかぎられるのに、熟考の対象は本質からして普遍的なものである、というあたりにある。ギリシア人たちがこの難題をどう解決したのか、われわれは知らない。現代人は、**複数の事象に共通するものをあらわす**記号によって、難題を解決した。だが、この解決法はよくない。わたしなら……

［もしデカルトが『幾何学』を俗流数学者として編纂するという許すべからざる過誤をおかさなければ、『精神指導の規則』と『幾何学』とを分かつ怖るべき隔たりを、みずから看破したであろうに］。ひとつの論証を理解するためのふたつの方法……

他にもさまざまな隷従の形態はありうるが、端的な隷従状態は諸般の事情のうちにある。ここにおいてのみ、隷従は労働の中核へと運びこまれる。

---

181 ヴェイユはアランへの手紙で明確にデカルトを非難している。ここ3世紀来の諸問題の元凶は「デカルトの冒険が方向をまちがえた」こと、なかんずく『精神指導の規則』から『幾何学』への「堕落」にあると。「デカルトは順序というものが、それが思念にのぼるやいなや、ひとつの観念ならぬ事物になってしまうのを避けるべき手段を見出しませんでした。ある級数をそれを構成している諸項とは別のひとつの実在ととり、これをひとつの記号によって表記するやいなや、その順序はひとつの事物になってしまうでしょう。ところで代数はまさにそうしたものです。そもそもの発端から（ヴィエトから）そうなのです。ある系列をその構成諸項から切り離さずに考えるには、一つの方法しかありません。類比《アナロジー》です。〔……〕類比のみが絶対的に純粋であると同時に絶対的に具体的な方法で思考することを可能にしてくれます。私たちはそれぞれの個別的な事物をしか思考しません。しかしまた推論するのは普遍的なものに則ってのみです。近代科学はこの矛盾を解こうとして魂を失ってしまいました。というのも、約束によって使われるにすぎない記号、白い紙に置かれた黒い形としてしか個物ではなく、その定義によってしか普遍的ではないこの記号によってのみ推論するという人工的なやり方に訴えたからです」。『解析力学』を著した数学者ジョゼフ＝ルイ・ドゥ・ラグランジュについても、「数種類の現象のなかに距離と重量とによって決定される数値を確定する」片棒を担いだと指摘する。天才的な数学者エヴァリスト・ガロワはラグランジュの仕事をさらに尖鋭化させた。

182 「連続量は、仮に定めた単位によって、時として全部、少なくとも部分的には常に、数〔非連続量〕に帰せられうる」（『精神指導の規則』規則14、規則14後半は量と数の関係を論じる）。

隷従が魂におよぼす影響。

工業労働の一覧表

鉱山	金属原材料の製造	
高炉		繊維
鋳造	化学製品	
機械工学		

ギエヌフをたずねる。

伝記。木工職人、職業学校に3年通い、そこで社会主義者の教師の影響をうける。古株の労働者を介して、同職組合《コンパニョナージュ》[183]の伝統の影響をうける。（すぐに社会主義者ではなく労働組合主義者《サンディカリスト》になり、）各都市にある労働組合《サンディカ》の本部をわたり歩き、彼なりの「フランス巡歴」[184]をはたす。夜学に通い、製材に関連するいっさいを修得する。１９１７年中頃に召集され、空軍に配属されて、学校に送られる。休戦になるも、まだ召集状態のまま、パリへ移動になり、一省庁に送られる。１９２０年に除隊し、航空機（?）

関連の工場を転々とする。（1923年）ロシアに行き、航空機工場で工員として働く。製材の巨大企業の視察官としてシベリアに派遣され、ついで一工場の長となる。そこで設備一式を変えずに、生産を倍増させる。ついで、そのまますぐに企業合同《トラスト》に加わる（1921年に〔労働組合の闘士、ピエール・〕モナットにつづいてフランスで入党した共産党員のままだった）。体制に嫌気がさし、熟考のすえ、研究に専念したいと願いでる。奨学金を得る。数か月で中等数学をすべて丸呑みし、入学試験に合格。3年間、勉強する。6か月、航空機工場（発動機《モーター》）で技師をつとめる。1934年1月、フランスに帰る。仕事がなく、技師や校正係などの職を求めるがみつからない。ついには、知りあいの現場監督（うぬぼれやで粗暴な男）のつてで、旋盤工として小さな工場に入り（一度も旋盤で働いたことはなかったが）、部品を加工する。自動ではない旋盤（工具倉庫にあったのとおなじ種類）。2日めには、規定の仕事量《ノルマ》をこなすにいたる。1年近くそこにいたが、一度もひどい目には遭わなかった。だが疲れはて、呆けたようになる。

183 600年の歴史を有する「同職組合 compagnonnage」は近代の組織である「労働組合 syndicat」とは似て非なるもので、入会式と職業訓練を中核とし、旧政体や王政復古期でさえ労働者の大半を傘下に収めていた。認証式は「見習《アスピラン》」「職人《コンパニョン》」「上級職人《コンパニョン・フィニ》」の3段階でおこなわれ、いずれも第1の試練は志願者の提出した作品の審査であった。「上級職人」になるには次項の「フランス巡歴」をまっとうし、なおかつ独身でいなければならないので、認証される職人の数はかなり限られた。

184 15世紀に始まり、フランス全土の宿場（リヨン、マルセイユ、ボルドー、ナント、オルレアンは必須）を時計回りに巡歴し、技倆を磨く伝統は今日も残る。元来、南フランス（オック語地方）に固有の伝統だったのでフランスの北部や東部には宿場がない。職人は徒歩で巡歴にでて、職人宿《メール》（女主人《メール》が采配する）の規則を遵守し、その技術で生活費を稼ぎ、2年から7年をすごした。

得られた情報。

ロシアについて

――

「国家計画委員会《ゴスプラン》」[185]の専門家たちは術策と直観を駆使したので、……これを交替させるのはむずかしい――今後10年は交替させられまい。

工員の労働について

――

ほかのことなど考えられない、――**なにも考えられない**のだ。

技術について

――

数学の役割。

数学を学んで得られる利益。

数学を言語のように**読みとき**、これを介してもろもろの現実を直接的に悟る、きわめて優秀な技術者たち。

例。技術的な専門書の公式は理解できないが、書かれている言語は知っている場合と、知らない外国語で書かれている場合とでは、後者の場合のほうが彼らには理解しやすい（ほんとうにそうか）。

ブールジュの技手兼設計工をたずねる——火薬学校で実習——調整工——イロール[186]の通信教育。

X《イクス》〔理工科学校〕出身の士官（頭の回転の速さ）にたいする劣等感。

伝動ベルト（機械の頑丈さにもとづきあらかじめ測定されている）で作動する機械が供給しうる出力《ピュイサンス》は、以下のものに依拠する。

主軸受が動きを伝える旋盤の毎秒の回転数（$\frac{n}{60}$）
この軸受に据えられ、機械と連結した滑車のスポーク——d/2
｝伝動ベルトの線形速度。

185　「ゴスプラン」はロシア語で「ソ連国家計画委員会」を意味する語の略称。１９２１年に設立、五カ年計画の計画・推進にあたる。１９２８年、スターリン主導による重工業推進・農業集団化を掲げた第一次五カ年計画が発表されると、その重要性はさらに高まった。

186　イロール社は技術・応用科学・情報科学を中心とする理数系・実用系の専門書店・出版社。現在もパリ5区に本社がある。

摩擦係数（正接《タンジェント》）

［ベルトの滑りが増加に転じるにつれて増加するのか］

圧力（伝動ベルトの弛み側の張力関数 t）

それぞれの滑車を囲いこむ弓型（α）

$\frac{n}{60}\pi\ d.t\,(e^{\tau\alpha}-1)$, e をネイピア数〔自然対数〕の底として。

ネジ切り、ローターでの円筒化、フライス刃背後の逃げ面の切削、これら三者の相違。

正接応力。

タラグランの『ラシーヌ論』[187]。——一考、ラシーヌの悲劇には死が偏在し、主人公はみな冒頭から死にむかって疾走する。死は彼らのなかにある（イフィジェニー……）。ホメロスやソフォクレスでは逆であって、生きようとする憐れな人びと（デイロイシ・ブロトイシ）[188]が、外的な運命に圧しつぶされ、まさに骨の髄までうち砕かれる（アイアス、オイディプス、エレクトラ）[189]ところが、まさに劇的《ドラマ》である。——人間性は共有される。——なるほど、ラシーヌの悲劇は宮廷の悲劇である。——もっぱら権力のみが、かかる砂漠を人びとの魂のなかに作りだしうる。非人間的な詩人。——タル［グラン］がいうように、かかる状況が「人間の生存条件」であるならば、人間はみなひとり残らず死んでいなければなるまい……

ラシーヌにあって屈辱的な扱いをうけるのは、傲慢な心と決まっている。（なんたる驕慢、なんたる残忍さで……。おまえは泣く、不幸な女……。残酷な拒絶にあって[190]……）。ホメロスやソフォクレスにおいては、高潔な心である。

以下の韻文を比較すべき。

187　ジャック・タラグランは高等師範学校時代のヴェイユの同級生で作家・文芸批評家。『ラシーヌ論』（１９３５年）が代表作だが、これを読んだヴェイユは著者（で自分とおなじ25歳の）タルグランを「……25歳の若造でなければなるまい」（次頁）と揶揄している。

188　「哀れな人間たち」の意のギリシア語。

189　アイアス、オイディプス、エレクトラの3人ともソフォクレスの主人公。いずれも苛酷な心的・物理的試練と社会的失墜に身も心もうち砕かれる。

190　ラシーヌのフェードル（パイドラ）の悲憤が頂点に達するのは、愛する義理の息子イポリット（ヒッポリュトス）にすげなく拒絶されたときではなく、イポリットとアリシーが恋仲だったと知らされたときだ（『フェードル』第4幕第6場）。「ああ、初めて味わうこの苦しみ！／見も知らぬこの責め苦が、わたしを待っていたとは！／これまでわたしが耐えてきた、恐れといい、現（うつつ）なき心といい、／炎と燃える狂乱も、身を裂くばかりの後悔も、／冷酷非情にはねつけられた、あの耐え難い恥辱までも、／今の責め苦に比べれば、たかの知れた小手試し。〔……〕天も嘉《よみ》し給う浄らかな恋の吐息、／何やましいところもなく、恋路にふけるあの二人。〔……〕それにひきかえこのわたしは、天にも地にも見棄てられた／哀れな女、ひたすらに、昼を逃れ、光を避け、／すがろうという神は唯お一人、死の神様。〔……〕涙に咽喉をうるおしつつ」。

アンドロマックは、あなた様がいなければ、
君主の膝に縋るような真似は、ついに知らずに終わりましたろうに。[191]

(まあ、これは**宮廷人**の隷属、物理的ではない隷従である。ラシーヌのアンドロマックは水を運ばず、羊毛を紡ぎもしない。現場監督から屈辱的な扱いをうけるのとは似ても似つかない……)。

……他処《よそ》の女の言いつけで機《はた》を織ろうか、
またおそらくはメッセーイスか、ヒュペレイアーの泉の水を汲むであろう。
ひどい恥辱を身に受けながら、厳しいさだめに圧しひしがれて。[192]

権力。――その種類と程度、権力が魂におよぼす深い変容。船長と水夫(ペイッソン)[193]。作業長(ムーケ)と工員……

ほかにも、ホメロスではアキレスは走るのが速い、など。ヘクトールは馬をあやつる。オデュッセウス。ソフォクレスではフィロクテテスなど[194]。ラシーヌの主人公たちにはひとつとして身についた技倆がなく、彼らの手には**純然たる**権力しか残らない。――(ヒッポリュトス、彼が犠牲に供せられたのは、死に急ぐ人物ではなかったからにほかならない[195])。ラシーヌが個人的にはしごく安穏な生を送ったのも意外ではない[196]。彼の悲劇は冷え冷えとして、胸をえぐる悲痛さはない。生きんとして志なかばで斃《たお》れる

心やさしい人間の運命にのみ、胸をえぐる悲痛さがある（アイアス）。（ラシーヌの登場人物は抽象にすぎない、彼らは死んでいるのだから）。［ラシーヌが「死」という語を記すとき、彼の念頭に死はない、

---

191 「アンドロマック」第3幕第6場。ラシーヌのアンドロマック（アンドロマケー）は虐待もされず窮乏にあえぎもしない。息子の命乞いをする相手であるピリュス（ピュロス）は、英雄アキレウスの子で素性卑しからず、残虐な暴君どころか自分を愛し敬ってくれる。アンドロマックの悩みは、亡き夫への忠誠か息子への愛かという心の葛藤に尽きる。

192 原文はギリシア語。ホメロス『イリアス』第6書456―458行。最後の一文は「工場日記」冒頭にも掲げられている（ただし両者の翻訳は異なる）。ヴェイユも「『イリアス』あるいは力の詩篇」（1939年頃執筆）で、死に瀕しつつ妻アンドロマケーの運命に思いをはせるヘクトールの嘆きを、ギリシア語原典から仏訳した。「また、ヘカベその人よりも、王プリアモスよりも、／さらに、敵の打撃を受けて塵埃のなかに斃れるであろう、／かくも数多くかくも勇ましいわたしの兄弟たちよりも、／あなたのことを思うのだ、青銅の鎧まとうギリシア人の一人が、／あなたの自由を奪い、涙にくれるあなたを曳いていくときの。〔……〕しかし、あなたの叫びを聞くまえに、あなたが曳かれていくのを見るまえに、／このわたしは死んでしまって、大地に覆われていたいものだ」

193 エドゥアール・ペイッソン（1896―1963）は18歳で船乗りとなり、地中海や大西洋を航行した経験を題材に小説を書いた。

194 ソフォクレスの悲劇『フィロクテテス』の主人公フィロクテテスはギリシア勢屈指の弓矢の名手。英雄たちはみなこうした技量を表す添え名を持ち、「脚の速い」アキレス、「馬を馴らす」ヘクトール、「智謀に富んだ」オデュッセウス、「軍神《アレース》の伴なるメネラーオス」や「神の姿のアレクサンドロス」など、いずれも勇敢な戦士たる資質が讃えられる。

195 エウリピデスの悲劇『ヒッポリュトス』の主人公ヒッポリュトスは、義母パイドラ（父テセウスの妻）讒訴を信じたテセウスに呪われて死ぬ。しかし馬に引きずられながらも、「止まってくれ、馬たちよ、〔……〕どうかおれを殺さないでくれ。〔……〕助けにきてくれる者は誰もいないのか」と生への執念を口にする。

196 ラシーヌは、ルイ14世の寵姫モンテスパン夫人、のちにルイ14世と非公式に結婚したマントノン夫人ら、宮廷の有力者の庇護のもと、貴族の身分（侍従の職禄）を手に入れ、国王から4000リーヴルの年金を得て、大きな挫折もなく59年の穏やかな生を送った。

といったのはだれだったか。これほどの真実があるか。例、彼は極端なまでに死を怖れていた。ところが逆に、タラグランが看破したように、ラシーヌの主人公たちにとって死は息抜きだった。彼をして人間味あふれる詩人だと信じるには、25歳の若造でなければなるまい……」。

ドトゥーフに訊くこと。

だれが設備について決断するのか。機械の購入（いつもドトゥーフ自身が対応するのか）など、いかなる規律にのっとってか（再度、訊くこと――）。

旋盤工に。

なんらかの計算をすべきか。

ギエヌフ。「それも経験さ……」。ドトゥーフはどうか。

IX－363－メレアグロス

われらの大気から風吹き荒れる冬は消えた。
春よ、なぜ、おまえの季節は花を捧げて微笑むのか。
（……）
詩人もまた、春にはよろしく歌うべきではないのか。[197]

国立工芸学校をおとずれる。
歯車装置、運動を変容させる……
また始めるべき。遅くなりすぎるまえにルノーを辞めねば……

フライス盤。
「一様の達成率《リズム》」（かならず2000個と数百個を7時間で仕上げる）。

197 引用は詩人メレアグロス（ガダラ生まれ、60年頃歿）の名前も含めてギリシア語。この詩にはヴェイユによるギリシア語原典からの仏訳がある（「メレアグロスの『春』」『ギリシアの泉』所収）。

万力を締める。

仕損じを脇にのける。

仕上げた部品を箱《ケース》に落としていく（すばやく、ただし強すぎないように）。金属屑のなかに落ちた部品をきちんと集める。

毎日、金属屑を除去する。

勘定する。

6時半に作業を終える。


主人と従僕。今日、従僕は**絶対的に**従僕であり、ヘーゲル的な逆転はない[198]。

自然の諸力を支配するがゆえに……

金属の帯板をもっと速く切断するすべを学ぶ（もっと継続的な運動で[199]）。

もっと速く歪み取りする（もっと速く置く……）。

いかなる作業にかかるにせよ（まったく新規の作業の場合は、しばらく経過をみてからでよい）、生じうる困難、とくに機械が不具合をきたす状況、さらに避けるべき過失の完璧な一覧表を、あらかじめ明確に了解しておく。折にふれ、この一覧表を心のなかで復唱する。想像上の困難を思いわずらって、作業の速度を遅らせてはならない。

仕上げた部品からつぎの部品へと移るときも、部品を台に置いてから足でペダルをひとふみするまで、**一様の運動**によって達成率《リズム》をたもつ。

部品を台に置いたり引いたりする**熟練《コツ》——とりわけ部品を止め金具に当てて置く熟練《コツ》（たいへん重要）**をつかむべく、きちんと筋道をたてて努力する。［片手で支え、1本の指で止め金具を押す。手で部品をつかむのは**厳禁**］。

労働にはなかんずく**睡眠**が必要であることを忘れるべからず。

1フラン80以下および3フラン75以上を記録するのは避けるべし。

---

198 ヘーゲル『精神現象学』141―150によると、主として労働を介して、主体たる主人と客体たる従僕との関係を転倒させる状況が生じる。これが「主人と従僕の弁証法」と呼ばれる。主人が自立的であるには、主人の自立が従僕に承認される必要があるが、従僕の承認が必要であるがゆえに、主人の自立は否定される。さらに、この承認が労働という形式をおびるとき、労働が欲望を抑制し、物を生産することであるため、物をつうじて主人ではなく従僕のほうが自身を超えでる持続を実現する。

199 余白に「両親に借金」と記載、おおむね微々たる金額（切符回数券《カルネ》1冊で5フラン、蜂蜜4瓶で16フラン、など）。

つねに携行するのは、眼鏡——鍵束——ペンチ——鉛筆——手帳——消しゴム——弁当箱——小銭——時計。コンロを消すこと。

すでにやらかしたが、今後は避けるべき失策《へま》（毎日二度はこの一覧表を読みかえすこと）。

1 **機械にむりやり詰めこむ**［絶縁材《カルトン》］——**重大な事故につながりかねない**。

2 1個の部品を……するたびに、**むやみに近くで凝視する**（500個仕損じ）。

3 模範《モデル》をとっておくのを**忘れる**。

4 **部品を逆向きに置く**（鉄鋲《リヴェット》打ちで二度失敗、ほかにも何度もやりそうに）。

5 **全身の力をこめてペダルをふむ**。

6 **ペダルに片足をのせたままにする**。

7 **部品を工具のなかに置きざりにする**（工具を壊す惧れあり——さらに歪み取りのときにも）。

8 **部品を変な位置に置く**（止め金具に当てずに）。

9 **必要なときに油をささない**。

10 2個の部品をつづけて置く。

11 **調整工の両手の位置を観察しない**。

12 機械になにかが起こっているのに気づかない。（ビオルと、金属製の輪[200]）。

13　**金属の帯板を止め金具をこえて置く**（3月6日木、工具を壊す）。

14　**部品が置かれるまえにペダルをふむ。**

15　**いったん始めた金属の帯板を途中で裏がえす。**

16　部品を加工しないままで放っておく。[201]

［「工場日記」終了］

200　アルストン工場、1月15日火曜にビオルとの「揉めごと」の報告がある。

201　このあと、国立工芸学校図書館の開館時間やさまざまな宛名が記載。

［「工場日記」を記した手帳《カイエ》の最終頁にきたので、ヴェイユは綴じていない紙片に考察を記している。これら数頁はかつて「断片」の表題のもとに収録された］

工場の官僚主義的な組織、――事務のそれぞれの部署は、たがいに連携しあう装置であって、工場の中核である。製造の手順《プロセデ》（秘密も含め）はここに存する。ゆえに作業場《アトリエ》よりも人員削減が緩やかである。作業場では作業長、現場監督、倉庫係など〔の職制〕をのぞき、いっさいが代替可能である。未熟練工はとくにそうだ。だが有資格の工員でさえも。アルストン社の旋盤工とシトロエン社の旋盤工とでは、だれにも気づかれずに代替がきく。（有資格の工員が企業とむすびつくのは、もっぱら機械の仲介によるのであり、フライス工の場合はとりわけそうだ）。

（未熟練）女工を企業にむすびつける絆はない。

調整工、たしかに彼らも仲間ではあるが、その友愛にはやや保護者めいた雰囲気がただよう。（ある年配の女工は25歳の調整工に指示を仰ぐことにまったく抵抗がない……。工業生産に女性が加わってから、たしかに職種《カテゴリー》分業は進んだ）。だが調整工の特性も、生産の特性が変わるにつれて変わっていくだろう。いまは頻繁に機械の組立がおこなわれる（好況時なら企業が断るような少量の注文が多いこの時期だからこそ）。他方、機械の組立が少なく、監督業務が多くなると、おそらく調整工はいま以上に職制に似てくる。

女工のあいだの競合。

男子工員と視線をかわす機会があるとき――通路で行きかうとき、なにかを頼むとき、機械で作業中の姿をみるときなど――工員はいつもまずにっこり笑いかけてくれる。とても感じがいい。こういうのは工場のなかでしか起こりえない。

工場長はフランス王のごとき存在だ。権力のあまり評判の芳しくない部分は配下にゆだね、自分のためには優雅な部分をとっておく。

自分のあずかり知らぬ巨大な機械に引きわたされている感覚。自分のやっている仕事がなにに対応するのかを知らない。明日はなにをやるのかを知らない。賃金が減らされるかを知らない。解雇されるかどうかも知らない。

あらゆる大工場に共通する**適応をむずかしくする**特徴。ものすごい量の工具類。機械の専門化。機械があまりに多すぎて、あたかも機械の数がたりないかのごとく万事がすぎていく。

近代の大工場の技術と組織の特徴は、もっぱら**大量生産**にむすびつくだけでなく、**形態の精密さ**にもむすびつく。工具が作りだす精密さで部品を作れる工員がいるだろうか。ところで**専門化された**工具は、大量生産に使われないかぎり、きわめて高くつく。

工員の作業にみられる職人の部分。研究すべし。

しばし仕事待ちの中断をする女工たちが集まってお喋りをするのを、作業長は好まない。不穏な団結心でも生じるのを怖れているのか……。女工たちはこの種の事柄を訝しがる気などさらさらなく、なぜかと問うこともない。彼女らいわく、「職制ってのはさ、命令するためにいるんだろ」。

例。プレス機の組立工は、工具が期待どおりの変容をもたらすネジの締付を知らねばならない。ただし、それ以上の技倆があるわけではない（わたしの仕損じた100個がその一例）。当てずっぽうに、手さぐりでネジを締付ける。とはいえ、そうするためには、指先で感触をとらえていなければならない。

結局のところ、プレス機の調整工はなにを知っているべきなのか。まずは調整工に図面で工具が示される。［とはいえ場合によっては、図面の変化との関連で工具の生産性を検証せねばならない、角度はどうかなど］。つぎに倉庫係が工具を調整工に手わたす（必要に応じて、より効率のよい工具にする）。

1　調整工は、どの機械に工具が適用できるかを知らねばならない。――工具は複数の機械に適用可能だが、すべての機械には適用できない。（1）構造のゆえに（だが構造という点では、あらゆる機械は似たようなものだと思う）。（2）出力のゆえに。必要な出力は図面に記されないと思う（検証すべし）。たいてい似たような操作をしているのだから、経験がものをいう。**この点はより精査すべき**。2・適切な組立を通じて（どのようにかを**研究すべき**）、機械に工具を適用するすべを知らねばならない。3・支持台が工具の下に収まるように、支持台を組立てねばならない（すばやい観察眼が必要）。それがうまくいかないときは、作業が進むあいだに支持台が具合のよい位置に収まるように。4・ネジを締付けねばならない。これですべてだと思う……

特記すべきこと。プレス機の調整工は、旋盤やフライス盤のまえでは途方にくれる――その逆もまたそうだ。ある側面においては、企業における安全性の見地から判断すると、これはひとつの利点である。他工場からきた工員で代替させられないから。他の側面においては、これは不便である。プレス機の調整工が多すぎても、だれかを選んで他部署に異動させるわけにはいかない。ゆえに利点よりも不便がまさる。調整工は専業の未熟練工でいつでも代替されうるからだ。

研究すべき問い。工具、その形態と効能。
まずは、わたしが操作する機械の工具について研究すべき。

役割を研究すべき。
　機械を操作する未熟練工（わたしがこれ……）
　専業の未熟練工
　製造にかかわる有資格工（そんなものがあるのか）
　工具倉庫の有資格工
　調整工
　倉庫係
　班長
　作業長
　製図工
　技師
　副工場長
　工場長
転移と連携、工具の形態とその動き。

工具をみただけでその動きを**読みとれる**ものか。

そうなるように努力すべき。

倉庫係に尋ねるべき。

しかし工場にあるのはプレス機だけではない……

留意すべき。これまでのところ、仕事に満足している人間はふたりしかみたことがない。

溶鉱炉の係でいつも歌っていた工員（自分のことをすこし喋ってくれた）。

倉庫係。

班長がどの部署の出身なのかを知るべき。
彼が**なにをしているか**を知るために、もっと継続的に観察すること（一日、これに思いをはせる）。なかんずく無用な書類書きをしていると思われる。作業の監督はほとんどしない（作業中の工員たちを見回ることも、めったにない）。機械にむかっている姿も、まずめったにみられない。

作業長がどの部署の出身なのかを知るべき。彼がなにをしているかも。

班長よりはるかに具体的な仕事だと思われる——彼が自分の事務室でどれほどの時間をすごすのかを観察すること。

手作業に求められる注意の種類に留意すべき（ただし、1　わたしのしている作業のきわだった特徴、2　わたしの気質の双方を考慮にいれたうえで）。

〈仕事待ちの中断になったら、たまには外にでる工夫をせよ……〉

〈おまえには、まったくあたらしい種類の注意力の規律が必要だ。なにかに集中する注意力から、内省から解き放たれた注意力へと、またその逆も。さもなければ、知的に呆けてしまうか、仕事をいい加減にやっつけるかになる──これが規律というものだ〉

「専業の未熟練工」。みな男だ（切断を専業とする女工がいると倉庫係はいうが──機械を操作する以外の目的で機械に対処している女工を、わたしは一度も見たことがない）。彼らは自分の機械を組立てる（必要に応じて調整工の忠告をうけつつ）。また、図面などを読むすべを知らねばならない。機械の組立をどうやって学んだのか。**解明すべき**。

「機械を操作する未熟練工」。女たち。機械との接触は、各機械にひそんでいる罠──すなわち各機械に含まれる部品を仕損じる危険──を知ることに尽きる、と思われる。なじみのある機械にあれやこれやの不具合があると気づくことはある。工場で長年すごしてきた女工ならば。

今日（木曜）の工場での寸劇《ドラマ》。400個も仕損じた女工が首になった。自分は結核を病み、夫は月に半分は失業の身で、子どもたち（夫とはべつの男との、と思う）は父親の家族に育てられている。他の女工の感情。憐憫と、学校の女生徒たちの「いいきみよ！」の混ざりあったもの。どうやら彼女はよい仲間ではなく、よい女工でもなかったらしい。いろいろな註釈。彼女は仕損じを暗さのせいだと申立てた（6時半以降、電灯をすべて消すのだ）。「だけどわたしはね、灯がなくてもいろいろと作業をやったわよ」「職制に〈口答え〉すべきじゃなかった（作業するのを拒んだのだ）。副工場長のところに行って「わたしが悪うございました、ただ、云々……」といえばよかったのよ」「食うために稼がなきゃならないんだったら、やることはやらなきゃね」「もっとちゃんとやらんとね、生活が掛かってるときはさ」（！）。

数人の女工。

１９０５年にロシアに行った年配の女工――「ひとり暮らしでもちっとも退屈しないよ、夜は本を読むからさ」――トルストイにえらく「心酔《シュヴェルメライ》」している（「『復活』、まさに崇高」――「この作家は愛を理解している」）。

夫がシトロエンで働く、堂々たる佇《たたず》まいの女工。

両親と同居している36歳の女工。

アルザス出身の女。

数人の工員。

倉庫係。
もと調整工でヴァイオリン教師。
女にもてると自信たっぷりの金髪の男、専業化した未熟練工。
ジャコ。
調整工の主任。
北部出身の大柄な男、調整工。
眼鏡をかけた感じのいい男（調整工あるいは班長か）
溶鉱炉の男、いつも歌っている。

自分のおこなっている労働についてまったく無知であるというのは、意気を阻喪させる。ある**生産物**が自分の供する努力に由来するという実感がない。自分が生産者の数のうちに入るとは思えない。労働と報酬をつなぐ関係性についても実感できない。恣意的に活動が課され、恣意的に報われる、とみえる。あたかも子どもをおとなしくさせておくために、お菓子《ボンボン》をあげるからと約束する母親に、真珠の紐通しをさせられている気がしないでもない。

専業の未熟練工ならどうかを知るべき……

倉庫係に呈すべき問い。ときどきは工具を発明することもあるのか。

問い。ダランベールの『力学概論』とラグランジュの『解析力学』[202]が、工業の発展におよぼした影響はなにか。

機械‐工具の原理。工具とは運動の変容である。したがって、変容をもたらす運動が手によって伝えられる必要はない。

問い。**さまざまに対応する柔軟な自動機械**を創作できるのか。できない理由はあるのか。

理想。1・**事物にたいする人間の権威**しか存在しないのであって、**人間にたいする人間の権威**は存在しない。

2・労働のなかで思考から行動への翻訳とならないものは残らず、事物にゆだねられねばならない。

（**細分化**は機械に属する現象であって……）運動の変容にかかわる普遍的な概念とともに……

あらゆる物理的な観念は技術的な現実を**直接に**あらわす（ただし**関係性の形態のもとに**）。

例。出力《ピュイサンス》。

202 『百科全書』の編者として知られるジャン・ル・ロン・ダランベール（1717―83）は若くして『動力学論』を著し、ニュートン力学から神学的含蓄を払拭したうえでフランスに導入するなど、当代一流の数学者・科学者でもある。ラグランジュについては訳註181を参照。

解説

佐藤紀子

生産性から独立した労働の分析へ――マルクスとは別の仕方で

ヴェイユは、工場で働く前年にまとめた論稿「自由と社会的抑圧の原因をめぐる考察」（*Réflexions sur les causes de la liberté et de l'oppression sociale* (1934)／冨原眞弓訳、岩波書店、二〇〇五年。以下、「自由と社会的抑圧」）において、今後みずからがなすべきこととして、労働者の社会的抑圧の考察にたいする展望をこう述べた。「マルクスはさほど厳密な構想を得ぬままに、生産性との関連で生産様式を整理しようとしたが、われわれは思考と行動の相関性との関連で分析したい」（一〇六頁）。この宣言どおり、一九三四年の一二月、ヴェイユは未熟練労働者としてアルストン工場の門をくぐり、みずからの工場就労をとおして、マルクスとは別の仕方で、すなわち生産性ではなく思考と行動にもとづく労働の分析を試みた。

マルクスと袂を分かつ生産性をめぐるヴェイユの議論は、「自由と社会的抑圧」において繰り返し現われる。ヴェイユによれば、マルクスは生産性の向上と労働者の解放とを魔術的に関連づけた結果、みずから構築しかけた科学的方法を手放した。生産性が向上すれば労働から解放される、あるいは、生産性の向上と比例して労働者の待遇改善が図られるといった言説は、たんに生産性や生産力への期待から自動機械的に導出されたにすぎない。ヴェイユはこれに類する言説、たとえば米国のテイラー・システムやソ連の中央集権的な経済政策など、生産力向上を謳う鳴物入りの手法によって労働者の幸福を希う言説は、どれもまた三段論法的な非科学的手法だと退ける。

ヴェイユによるマルクス批判は労働における記号の専制へと向かう。生産性や生産力を人類の進歩の源と見る人びとは個々の労働者の実態を見ずして、生産性を示す数値や記号だけを弄ぶ。それは、労働者の忘却であり、記号の専制ではあるまいか。しかも労働者を忘却しておきながら、労働者のためにという理由で記号をあやつるのだから余計にたちが悪い。だからこそ、ヴェイユは労働を生産性から切り離し、労働や労働者そのものに依拠する分析の必要性をはっきりととらえ、その実証実験さながらにみずからの工場就労を記録した。この意味において、ヴェイユの「工場日記」とは純粋な労働の記録なのである。

労働における思考と行動の一致——それは隷従か、スピノザか

かくて「工場日記」は、「自由と社会的抑圧」を理論的基盤としながら、専制的ではない記号、労働に真に寄り添う記号の発見の試みとして読むことができる。労働における数字や記号は、なにも生産力に関わる経済効率や経済成長率の専売特許ではない。むしろ、「工場日記」を満たす日々の単純な労働の記録にこそ、専制的ではない記号が隠れているのではないか。金属の帯板からの座金の切り出し、プ

レス機による部品の仕上げ作業、鉄鋲《リヴェット》打ち、フライス盤によるねじ切り、電磁回路の製作のための端子の固定作業、溶鉱炉での焼きなましなど、ひとつひとつの工程やその工程を可能にする工作機械の操作や部品の扱いには、機械工学、数学、物理学、熱力学など諸科学に依拠する精密さが宿る。抽象性の高い諸科学が、実際的な労働のなかでいかに表出されるか。これが「工場日記」におけるヴェイユの関心のひとつといえよう。

たとえば、ヴェイユが工場に勤務してすぐにあてがわれたフライプレス機をみてみよう。フライプレス機は、両端に錘《おもり》を備えたバーを上部にもち、その錘の振り子運動がスクリューに動力を与えてプレス力を増大させる。錘の重力と運動エネルギーを利用した機構がプレス機を成立させる。しかし、じっさいにプレス機を使用する工員にとって、錘はエネルギー保存の法則としてではなく、労働との関係性において意味をもつ。したがって、ヴェイユがそうであったようにフライプレス機に不慣れな工員にとっては、頭上で振り子となって動く錘は危険な物体であり、仕事の障壁である。一方で、慣れた工員にとって錘は障壁でもなんでもない。ただ作業をこなすための道具の一部にすぎず、意識すらされない。ヴェイユが尊敬したプロメイラやギエヌフがその典型であるように、熟練労働者になればなるほど、まるで呼吸やまばたきのように、あたかも何事もしていないかのように、機械の操作において身体と精神が一体化する。このとき、諸科学の法則や記号は人間の行動を導くものではなく、むしろ、人間の行動に溶け込み、なじんでいる。

労働におけるこのような身体と精神の一体化こそ、専制的ではない記号との接触、なじみ深い接触であろう。ヴェイユは身体と精神の一体化について、スピノザの第三種の認識を参照しながら、神の愛に繋がる最高に自由な状態として論じた。しかしながら、その一方で、「機械は思考の介入をいかにわずかなものにせよ排除する。完了した操作を意識することとさえも。達成率《リズム》がこれを妨げる」(本文一七一頁)と述べ、秒刻みで強迫的に達成率に追いつめられる機械労働の残酷さ、工場労働による思考の簒奪の苛烈さを示唆しもする。事実、工場労働において思考力を剝奪され、心底、屈従を味わったヴェイユの言は重く、生産性の追求が労働の前提とされる現代においてはなおのこと、「工場日記」を熟練労働者への賛美で閉じることはむずかしい。それでも、行動のなかに普遍法則が溶け込み、なじみ、精神と身体が法則と一体化することへの憧れ、必然にしたがうことの意味、それはちょうどヴェイユが「自由と社会的抑圧」の冒頭に記したスピノザの言葉「人間にかかわる事象においては、笑わず、泣かず、憤らず、ただ理解せよ」に呼応して、ヴェイユをつらぬく知性を表すのではなかろうか。

未熟練工とテクノロジーの関係——ヴェイユの機械への尽きない関心

ヴェイユは九か月あまりの工場就労のなかで、さまざまな工作機械、部品、部材を記録した。めずらしく図解してまで記録したフライス刃の取り付けのくだりは、機械や部品にたいするヴェイユの関心の高さをしめす「工場日記」のなかの印象的な場面だ。今回の「工場日記」の単行本化にあたり、こうした工作機械、部品、部材に関わる単語を、できる限り具体的な作業工程が透けてみえるように見直した。

じっさいに、ヴェイユは工場のなかでどのような作業をしていたのか。「工場日記」の断片的な記述からだけでは、ヴェイユの作業を確定させることはむずかしい。そこで、当時、フランスで出版された工作機械や機械部品の月刊誌や業界紙、機械工作機メーカー各社のカタログ類を調べ、見当をつけることにした。内容はもちろんのこと、巻頭・巻末に付された広告も貴重な資料となった。新商品の機械のイラストとともに、その機械を作業する工員が描かれ、工作機械の大きさがよくわかる。こうした資料はフランス国立図書館の検索機能のガリカ（Gallica）をつかえば、だれでも検索できる。くわえて、インターネット上での広告が主流となったいまや、機械部品や電子機器メーカーのなかには、一九三〇年代の自社工場の様子を記録映画としてホームページに公開している企業もあり、これらの動画のおかげで、当時の工場労働の雰囲気をつかむことができた。

こうした調査をつづけながら、「工場日記」に出てくる単語とじっさいの作業とを突き合わせていくうちに、精密機械の構造やメカニズムにたいするヴェイユのつよい関心が、「工場日記」のなにげない記述のなかに埋めこまれていることに気づいた。たとえば、ある日の作業の記録、「止め金具への当てぐあいが精密さを要求する部品。ほとんど凹凸のない抜型《マトリス》（導体用の二種合金）をレオンといっしょに」（本文八〇頁）。ヴェイユがわずかな凹凸をつけるために、繊細な取り扱いを要する作業に取り組む様子がうかがえる。しかし「導体用の二種合金」に着目すれば、この一文の印象はがらりと変わる。二種合金は二種類の異なる熱膨張率をもつ金属からなる。その異なる熱膨張率を利用し、スイッチの開閉を可能にする機構がつくられたり、熱膨張率の影響をうけない不変鋼をつくりだし、歪みや変化をきらう精密機器の部材がつくられたりする。一九二〇年、スイスの物理学者シャルル・エドゥアル・ギヨームが合金の発見と精密測定の開発の功績によりノーベル物理学賞を受賞するなど、合金を利用したメカニズムは当時の先端技術であったといえる。おそらく、ヴェイユたちもこのメカニズムをつかった開閉機器や方向指示器をつくっていた。

ヴェイユは合金を利用したメカニズムを知って、先の作業記録をつけていたはずだ。「工場日記」が工員ヴェイユの作業の記録であるため、メカニズムそのものは、作業した部材や機材のなかに埋めこまれて表面上はみえない。それゆえ、作業記録の背後にかくれたメカニズムを丹念に追う必要があり、事実、追ってみれば、構造やメカニズムにかんするヴェイユの知識がみてとれた。

作業と理論というふたつの方向性——それは工員と哲学者というふたつの立場に置き換え可能かもしれない——に導かれ、単語ひとつひとつにこめられたヴェイユの二重の意図がひとたび感じられると、絶縁材《カルトン》、圧着端子、指状接触片《コンタクトフィンガー》など、「工場日記」にちりばめられた部材や部品類が、一方では電磁回路や導体などのメカニズムと共鳴し、他方では工員の具体的な作業と共鳴し、生き生きとした意味をもつようになる。こうしてみると、「工場日記」は機械にたいするヴェイユの尽きない関心の記録でもあり、未熟練工の作業を媒介にしたテクノロジーの記録とみることもできよう。

哲学者と民衆教育——なんのために学ぶのか

フランスでは、哲学者と民衆がともに学び合う場が幾度も形成され、多くの哲学者がその活動に関わってきた。けっしてヴェイユだけが労働者と交流した哲学者だったわけではない。それでもヴェイユは抜きん出て労働者に接近しえた。それはなぜか。

一九世紀以降のヨーロッパは政治の時代だ。専制的な政治体制から多様な政治体制に移行するにつれて、これまで政治の舞台に上がることのなかった労働者が政治に参与するようになる。悲惨な労働条件、飢饉の危機、失業などの社会問題とともに、上位の階級による搾取が明るみに出た。社会問題も搾取もモラルや正義の問題と重なり、哲学者たちは両者を関連づけて論じていくことになる。

民衆がモラルを身につけるほど、社会はよくなる――モラルと社会問題を関連づけるひとつの型だ。脱宗教化がすすみ、私事化された宗教に代わって、モラルが社会のつなぎ役として期待されると、とりわけ叫ばれるようになる。一八七五年に米国のフェリックス・アドラーが主宰した倫理文化協会(Society for ethical culture)がその筆頭といえよう。アドラーは個々人の自己改革に依拠した社会改善運動を展開した。職業、宗教、人種の別なく、ひろく支持を得て、全米にとどまらず、国際的な発展を遂げる。フランスにも伝わり、公教育における脱宗教化《ライシテ》政策を推し進めたフェルディナン・ビュイッソン(一八四一―一九三二)に継承され、フランス教育界の脱宗教化政策と道徳教育に影響をおよぼした。

民衆大学もまた、モラルを主軸とする社会的連帯をめざした。民衆大学は、一八九八年、植字工だったジョルジュ・デルム(一八六七―一九三七)を発起人として、パリ一一区に第一号が創設されるや、またたく間にフランス全土にひろがった。かつて、アランもヴェイユも講座の講師として協力したことがある。協同組合の形態に近く、中・高等教育の提供にはじまり、速記、写真、文書作成、諸言語などが学べる教室、医療、法律、住居、経済など生活上の困り事にかんする相談窓口、図書室、シャワー室、簡易宿泊所、家族で楽しめる講座、アルコール類を提供しない食堂、共済ローンなどが完備され、労働者どうしの互助的活動を展開した。

デルムが民衆大学を創設した際、思想的・理論的・人的基盤を支えたのが、カトリック信徒であり、哲学者のポール・デジャルダン（一八五九―一九四四）である。デジャルダンはジョレスやベルクソンらとともに高等師範学校で学んだのち、社会問題に言及したレオ一三世の回勅「レールム・ノヴァールム〔新しき事柄〕」に呼応すべく、労働者が抱える社会問題の解決をめざして、一八九二年に「道徳的行動のための同盟（Union pour l'action morale）」を結成する。同盟には、ジュール・ラニョー（一八六一―一九〇九）、ガブリエル・セアイユ（一八五二―一九二二）らの哲学者や、社会経済学を構築したシャルル・ジイド（一八四七―一九三二）など、多様な知識人が参加した。デルムもこの同盟に参加し、デジャルダンらとともに民衆大学の構想を練った。この同盟の結成当初の理念が、モラルの刷新と社会の道徳化であった。民衆大学はその成立の理念からして、モラルと深いつながりを有していた。

一方、ヴェイユは労働者の教育について、モラルとは異なる方向から論じる。『努力』誌（二一八号、一九三一年一二月一九日）に掲載された短文「学習委員会の余白に」（『シモーヌ・ヴェイユ選集Ⅱ 中期論集 労働・革命』所収、三―七頁）のなかで、民衆教育の目的をふたつ示す。ひとつは、労働者が言葉を駆使する能力を身につけ、これまで言葉を占有してきた知識人から解放されること。もうひとつは、労働者が理論的知識と労働との関係性を理解し、知的労働と肉体労働との一致をめざすこと。ここには、もはや労働者の団結によるマルクス的な革命思想は微塵もみられず、むしろ、ただひたすらに、個々の労働者が自分自身の労働について、行動と理論の両面において、みずからの言葉で説明するための労働者ひとりひとりの語りの獲得がめざされる。

モラルによる社会的連帯と個々人の言葉の獲得――。両者は質の異なるものだ。脱宗教化のなかで宗教が個々の内面に帰されたあとに、宗教に代わって今度はモラルを社会のつなぎ役にすることは、私的で内的自発性にもとづくモラルの政治利用にほかならない。「わたしのため」と「みんなのため」が混じりあうモラルの全体化作用から逃れる言葉を身につけること、それはちょうどかつて言葉を占有してきた知識人から逃れることとおなじく、物体と直接対峙する労働のなかでしか獲得しえない。その言葉は「工場日記」の言葉さながらに、じっさいの労働から出来する、真に労働に根ざした言葉にちがいない。

フランスにおける女性の労働と社会参画――ふたりの同化ユダヤ人女性

「工場日記」には複数の女工が登場する。事情を抱えていたりいなかったり、多様な人間模様が記される。みな失業を恐れ、職制の叱責を免れようと必死だ。当時のフランスにおける女性労働者を取り巻く環境はいかなるものだったのか。

奇遇なのか、必然なのか、ヴェイユが工場就労をしていたころ、フランスの女性解放運動の先頭に立っていたのが、ヴェイユの高等師範学校時代の指導教官だったレオン・ブランシュヴィックの妻セシル・ブランシュヴィック（一八七七―一九四四）だった。セシルは父アルチュール・カーンとともに結婚前から人権擁護連盟に属し、早くに社会活動家《フィランソロフィスト》として活躍していたが、結婚後はさらにその活動範囲をひろげ、消費者社会組合（Ligue Sociale d'Acheteurs）に参加。このとき、女性の労働環境の劣悪さを知ったことが転機となり、女性の社会参画を求めてフェミニストとして生涯を歩むことになる。

社会の問題に対してどのように向き合うのか——この問いは、資金面にせよ政策面にせよ、理論にせよ実践にせよ、宗教的にせよ倫理的にせよ、社会のなかの問題を解決するのはだれかという問い、換言すれば、社会の課題を解決するプロセスに参加するのはだれかという社会参画の問題に直結する。フランス女性の社会参画がまだ叫ばれもしない時代に、セシル・ブランシュヴィックは、社会問題のなかでも女性と子どもに関わる課題の解決に乗り出し、そのプロセスのなかで、ソーシャルワーカーや看護師の公的な養成制度や資格制度の構築、売買春やアルコール販売の規制など実践的な取り組みを実現させ、フランスにおける女性の社会・政治参画の道を切り拓いた。

セシルとヴェイユの人生はまったく異なるものの、時折、交錯する。セシルはヴェイユとおなじく同化ユダヤ人二世代目にあたる。そしておなじく、フランコ・ユダイスムの潮流に与する政治的・宗教的中立性を信条とし、同化ユダヤ系知識人にみられる個人に内在化したモラルと知性主義に依拠した倫理観をもつ。セシルよりも三二歳年若いヴェイユにいたっては、より共和国への同化と世俗化がすすんでいるとみるのが妥当であろう。セシルは同化ユダヤ人特有のニュートラルな立場から、カトリックの伝統が色濃く残るフランスの医療・社会福祉分野において、カトリック教会や信徒の協力を得ながら、かつ、フランスではマイノリティに属するプロテスタントや伝統的なユダヤ教徒とも、同化したユダヤ教徒とも手をたずさえた。さらには政治対立がつづく複雑な国際情勢においても、各国の女性と連帯し、多分野・多領域の専門家を巻き込んで、社会問題の解決に取り組んだ。活動の目的は「女性と子どものために」、ただそれだけだった。世界女性会議（Conseil International des Femme）、国際婦人参政権同盟（Alliance International pour Souffrage des Femme）、フランス女性国民会議（Counseil National des Femmes Françaises）、女性参政権フランス組合（Union Française pour les Suffrages des Femmes）の代表的存在でありつづけ、ヴェイユが工場就労についていた一九三六年のレオン・ブルムの人民戦線内閣時には国民教育大臣補佐に就任し、国政にたずさわった。このとき、工場労働者の休日、温かい昼食を食べられる休息時間、勤務時間、福利厚生制度を整備し、女子教育の拡充を図った。

一九四〇年六月、ドイツ軍によるパリ占領によりユダヤ系であったブランシュヴィック夫妻の自宅は接収された。自宅の一部を女性の社会・政治参画の活動のために開放していた夫妻の蔵書・資料もこの時、ドイツ軍によりベルリンへと移送された。ベルリン陥落後は、今度はソ連によりベルリンからモスクワへと移送され、夫妻の資料がフランスに帰還したのは二〇〇〇年に入ってからのことだった。

セシルとヴェイユの直接的接触を示す文献はまだない。ユダヤ人ゆえの困難さがふたりの資料収集にいまだに影を落とすからだ。政治の表舞台で活躍し、国内外をフランス代表として飛び回ったセシルと、労働者のなかに沈潜し、だれの言葉を代弁するわけでもなく、みずからの言葉を誠実に探しつづけたヴェイユ。ふたりの人生は対照的だ。女性参政権運動のいわば正統派にみえるセシルの手法、すなわち、女性どうしで団結し、政治権勢を保持・拡大させ、権利を獲得していく手法に比して、「工場日記」は日々の労働、工場内の出来事、工作機械をめぐる出来事、工場労働の身体的苦しみ、感受性の記録であり、ヴェイユだけのものだ。だれのために書いたわけでもないヴェイユの言葉は、その後吹き荒れる全体主義に抗い、「われわれ」に括られることなく、いまなおまっすぐ現代に届いている。

工場の火花に照らされて──『工場日記』をめぐる追加考察*

* 本稿は『シモーヌ・ヴェイユ選集 Ⅱ』（冨原眞弓編訳、みすず書房、二〇一二年）所収の解説に加筆・修正を加えたものである。

Ⅰ　プロレタリア革命（の幻想）よ、さようなら

シモーヌ・ヴェイユ（一九〇九―四三）が一九三〇年代前半に書いた論考は、おおむね革命と労働を主題とする。しかも、この時期、ヴェイユの全身全霊をとらえて、これに決定的な変様《アフェクティオ》をもたらす重大なできごとがおきる。革命幻想との訣別であり、この訣別が工場就労を決意させる最後のひと押しとなった。したがって、このふたつの現象は表裏一体をなすと考えてよい。多くの西側の左翼インテリがソヴィエト体制への幻想を断ちきれずにいたこの時期、ソヴィエト政府の官報ではなく反体制派の亡命者たちから情報を得ていたヴェイユは、ロシア革命の熱狂が粛清の悪夢へと反転しつつあることにいち早く気づく。

いうまでもなく、革命を望む人びとや集団といっても一枚岩とはかぎらない。かならずしも似たような理念や情念につき動かされているわけでもない。おなじ語彙をもちいていても同床異夢というのはめずらしくない。たとえば一九三〇年代のドイツ。一九三二年七月の国政選挙で、ヒトラー率いる国家社

会主義労働者党（NSDAP）すなわちナチスが、国会の第一党に躍りでた。その年の夏、ヴェイユが「〔ユダヤ系に特徴的とされる〕容貌と姓名」をものともせず、首都ベルリンと港湾都市ハンブルクに赴いたのも、かの国の労働者の実態と革命の可能性をつぶさに観察するためだった。

できるだけ自分の眼と耳と足で事実と向きあうこと。一九三二年の右傾化するドイツへの旅、一九三四年の工場就労、一九三六年のスペイン内戦への義勇兵志願。すべて単独で決行し、周囲には生命を意味なく危険にさらす無謀なふるまいと映った。

この行動力だけでも驚嘆にあたいする。だが、それ以上に驚嘆すべきは、これらの行動がつねに執筆と思索の努力にともなわれていたことだ。動く、書く、考える。それはヴェイユにあっては分離した営みではない。しかも書きなぐりは絶対にしない。アンリ四世校のアランの哲学級で叩きこまれた教えを守っていたから。ひとつ、文字は力強く、大きく、きれいに書くべし。ひとつ、文章は頭のなかで構成をまとめてから、削除や加筆なしに書くべし。ひとつ、すくなくとも一日一時間か二時間はこのようにきちんと書く時間を確保すべし。これらはみなアラン自身がみずからに課した厳しい規律であり、アランの名を世に知らしめた「プロポ」と呼ばれる哲学断章は成果の一部をなす。ヴェイユもまた師の教えを忠実に守った。家族や友人にあてた手紙と日々の思索を書きとめた「雑記帳《カイエ》」を計算にいれるなら、さほど長くはない生涯にしては異例の文章量といってよい。

かくて一九三二年のドイツの旅からは、主としてドイツをめぐる十数本の同時代評論が生まれた。いま読んでも、いや、いまだからこそ、おそろしいほどの説得力をもって読者を打ちのめす。帰国直後に書かれた「待機するドイツ」（一九三二年）では、ドイツ革命の可能性（というよりむしろ不可能性）が吟味される。「ドイツの民衆は世界のなかでもっとも組織的にまとまる民衆である。もっかのところ大衆政党といえるのは三つにかぎられるが、それらはいずれも民衆を革命へと煽るだけでなく、これを社会主義革命と命名して憚らない」。これら三つの政党とはナチス、社会民主党、共産党をさす。いずれも労働者のための党を喧伝するが、ふしぎなことに、労働者の教育にも労働環境の改善にも興味を示さないのである。

それにしても、ドイツの優秀な労働者たちが、ろくな抵抗運動も組織できず、かくもやすやすと、国家社会主義の狡猾だが粗雑なイデオロギーに絡めとられていったのは、なぜなのか。一九三二年のドイツの熟練労働者たちに、昔日の勢いも誇りもない。大恐慌の直撃を喰らったあげく、かたやヒトラー主義の、かたや共産主義の宣伝《プロパガンダ》によってユダヤ人＝内外資本家への憎悪をかきたてられた未熟練労働者や失業者に足をひっぱられ、弱い立場の彼らとの連帯どころか自分の職を守るのに汲々としているのだ。このように仲間うちで分断され友愛の絆を失った労働者が、ある日とつぜん、マルクスの構想した「プロレタリアート」に変身して革命への一歩をふみだすことを期待するのは、難問の解決をいつ現われるかも知れぬ機械仕掛の神《デウス・エクス・マキナ》にゆだねるにひとしい。

ヴェイユの革命をめぐる論考の特徴のひとつは、直接的にせよ間接的にせよ、つねになんらかのかたちで、ドイツとロシアが並置されて論じられることだ。「ソヴィエト連邦とアメリカ」（一九三二年）はアメリカ的《効率性》を称揚するソヴィエトの矛盾をつくが、その根拠とされるのがドイツの作家エーミール・ルートヴィヒにあてたスターリンのインタヴュー記事（一九三一年）だった。「書評 ドイツ革命の諸条件――レオン・トロツキー『そして、いま』」（一九三二年）は、ドイツ革命の可能性を忖度《そんたく》するロシアの左翼非主流派トロツキーの論説の註釈という体裁をとり、両国の諸事情を比較考察する。トロツキーによれば、ドイツはいま全世界を代表して「革命かファシズムか」の二者択一を迫られており、その帰趨によりトロツキーの持論である世界革命の命運をも占いうる。

ヴェイユはトロツキーほど楽観的ではなく、ドイツ共産党と社会民主党の体たらくをみれば、世界革命の起爆剤となるべきドイツ革命など、夢みるのもむなしい砂上の楼閣だと考えていた。この見解はナチスの政権奪取直後のドイツへの旅により、ヴェイユのなかでは反駁の余地なき事実となった。ファシズムの陣営には雑多な人びとが集っている。小市民《プチ・ブル》をはじめ、多数の失業者、さらに主戦力として「経済の戦略拠点で働く労働者」もいて、なかなか意気軒昂である。一方、革命の主軸たるべき共産党員の九割は、規律もなく気力もない失業者たちで占められる。対ファシズム共闘戦線を張るべき共産党と社会民主党は、あいもかわらぬ主導権争いに貴重な体力を消耗させている。一九三二年八月二〇日の追記は悲痛な口ぶりで終わる。

労働者はといえば、抵抗が革命的行動のうちにしか存在しえないと知ってはいるが、自身がかかる行動を担いうるほど強靭だとは感じていない。加えて、数年来の失業者には革命に参与するための活力はもはや残っていないだろう。〔……〕一度も働いたことがなく、親から非難されるのに倦みはてた若者たちは、自殺したり放浪したり救いがたく堕落したりする。かくも教養にあふれた感嘆すべき労働者階級が喉元を締めあげられているのは、じつに痛ましい光景である。

「追記　ドイツ便り」（一九三二年）

一年後の一九三三年八月、先の主張をさらに発展させた決定的な論考「展望　われわれはプロレタリア革命に向かっているのか」（一九三三年、以下「展望」）が発表される。それも反スターリン派・トロツキー派から構成される左翼反主流派の牙城のひとつである『プロレタリア革命』に。以後、ヴェイユは仲間だと思っていた左翼反主流派からも胡散くさい眼でみられるようになる。

論旨は明快だ。明快すぎるほど。ドイツ労働運動の敗北、ナチスの隆盛、根拠なき革命幻想で惰眠をむさぼるフランス共産党の堕落、スターリン独裁下のロシア帝国主義、共産主義インターナショナルの変質、軍需競争と世界不況で強化された資本による労働市場支配、どの要因をとっても革命を予見させるどころではない。むしろ革命にとっては最悪の状況だと判断するのが知的誠実さではないのか。

さらに注目すべきは、マルクスの予測はふたつの点で歴史から反証されつつあるとの指摘である。第一に、資本主義とは抑圧の最終段階ではなく、いずれは歴史の必然によって社会主義へと落ちつくための通過点でもない。ここ二〇年来のできごとを正視する覚悟があるなら、あらためて精査すべきは、いまや信仰箇条のごとく根づいた、資本主義を社会主義への通過点とみなすこの「歴史の必然」観である。

第二に、生産にも資本にも直接かかわらない管理的機能を中核とする第三の生産体系は、あらたな構造的抑圧にほかならない。しかもこの第三の生産体系は、ドイツのファシスト独裁にもロシアの疑似プロレタリア独裁にも、さらにはアメリカやフランスの資本主義体制にも、それぞれみごとに吸収されうる。端的にいえば、あらゆる体制に順応する技術官僚《テクノクラート》社会の到来はもはや自明の流れなのだ。

おなじくファシズムもまた、古典的マルクス主義の図式には収まらない。ロシア体制もファシズムも首長にたいする政党の機械装置のごとき従属を特徴とする。両者とも強力な警察により国民を監視し、強力な軍隊により他国を威圧する。両者ともに資本主義的所有を撤廃する気はまったくない。たんに所有の形態を変えるだけだ。ゆえに、ファシズムを反共の砦として利用できると考えるドイツ国内の一派は、的外れな希望をナチスに託しているのであり、早晩、その軽信はこっぴどいしっぺ返しで報われるだろう。

ようするにヴェイユは、ロシア革命の成功とソヴィエト体制の継続、労働組合の隆盛といったよろこばしい現象にもかかわらず、プロレタリア革命の可能性に疑念を呈し、あろうことか反主流派の盟主トロツキーにまで喧嘩を売ったわけだ。「常任で、責任を問われず、前任者の指名により採用され、あらゆる経済・政治的権力《プヴォワール》を一身に集中させ、史上初というべき権能《ピュイサンス》を掌握する官僚制度」を、トロツキーは「「官僚主義的歪曲」をこうむってはいるが、それでもやはり一種の「プロレタリア独裁」であり「労働者国家」にはちがいないのだ」と主張してゆずらない。だがヴェイユはデカルトの「調子の狂った時計」の例をひいて、トロツキーの強弁を遠慮なく批判する。

労働者がひとり残らず経済的にも政治的にも官僚閥《カースト》の意に左右される国家を「労働者国家」と呼ぶことは、悪趣味な冗談に似ている。〔……〕異常と正常の区別に理論上の価値はない。デカルトの言によれば、調子の狂った時計は時計の諸法則の例外ではなく、固有の諸法則にしたがう異質の仕組《メカニスム》にすぎない。おなじく、スターリン体制は調子の狂った労働者国家ではなく、この仕組を構成する歯車装置によって規定され、これらの歯車装置の本性にしたがって機能する、まったく異質の社会的仕組とみなすべきだ。労働者国家の歯車装置が労働者階級の民主的機構であるなら、スターリン体制の歯車装置とは隅から隅まで中央集権行政の各部署で構成され、この行政に一国の経済的・政治的・知的な生のすべてが依拠するのだ。

「展望　われわれはプロレタリア革命に向かっているのか」（一九三三年）

今日では冷静かつ正確な現状把握と思えるこの見解も、発表時は労働組合運動の同志たちにさえ、理論的というよりもたぶんに情緒的な拒否反応、あるいは憤りや驚きをもって迎えられた。ヴェイユの「敗北主義」や「悲観主義」を嘆き、さらには「変節」をなじる者も少なくなかった。毀誉褒貶の嵐のなかで、悲観的すぎる結論はさておき、希望のない状況でも絶望しない胆力、利害得失ではなく義務にしたがい行動するストア派的潔さをたたえる声もわずかに聞かれた。いずれにせよ、革命と労働組合そのものというよりも、それらにまつわる虚言や幻想に三行半をつきつけたこの論考のおかげで、地方の高等中学《リセ》の哲学教授にすぎない二四歳の女性を、トロツキストら非主流派集団のなかで一挙に名の知られた存在にした。約一か月後、激昂したトロツキー本人から光栄にも名指しで反駁されたあとは。

> プロレタリアート独裁の〝不成功に終わった〟実験にすっかり絶望してしまったシモーヌ・ヴェイユは、社会に抗して自分の人格を守るという新しい使命のうちに慰めを見出している。安っぽい無政府主義的な気分の高まりによって活気を与えられた古臭い自由主義のきまり文句だ！　考えられるだろうか、このシモーヌ・ヴェイユが高邁にもわれわれの〝幻想〟について語っている。彼女とその同類の人たちは、自分たちをもっとも反動的な下層中産階級的偏見から解放するために、長年にわたる不屈の忍耐を要求している。まことにふさわしくも、彼女のこの新しい考え方は『プロレタリア革命』という何とも皮肉な名前を持った機関誌の中に安息所を見出している。追想という資本からの配当金で生活している革命的うつ病患者と政治的年金生活者、および多分革命の側につく――それが将来実現したあとのことであるが――であろうこけおどしのえせ哲学者たちにとって、ルーゾンのこの雑誌ほどふさわしいものはない。
>
> トロツキー「ソヴィエト国家の階級的性格」（一九三三年、水谷驍訳）

トロツキーとの紙上での論戦は、小冊子が刊行された約二か月後、対面の議論によって継続される。条件付きでフランス政府から滞在を許されていたトロツキーは、パリで内密の小さな政治集会をひらくため、妻のナターリア・セドフ、息子のレフ・セドフ、そして銃で武装したふたりの護衛をともない、ヴェイユの両親のアパルトマンをおとずれたのだ。ヴェイユはこの機会を逃さずトロツキーと語りあった。両人はそれぞれ持論を戦わせ、しばしばトロツキーは激昂し、ロシアを労働者国家と認めないヴェイユを「反動的な個人主義者」と罵った。かつての同志スターリンに重大な過失をいまだ認めていなかったトロツキーと、スターリン主義の本質的な逸脱をみぬいていたヴェイユとでは、議論が嚙みあわないのも無理はない。ナターリア・セドフは、夫が幾度となく声を荒げても、ひるむことなく冷静に議論をいどむ若い女性に驚いた。隣室で聞き耳を立てていたヴェイユの両親はもっと驚いた、いや娘の蛮勇に震えあがったにちがいない。

それでもトロツキーはアパルトマンを退去するさいに、「第四インターナショナルはきみの家で結成されたといってもかまわないよ」と謝意をあらわした（第四インターナショナルがフランスで創設されたのは五年後の一九三八年）。そのくせ、自身の小冊子の表題が示す「第四インターナショナル」創設の必要性こそ、すなわちスターリンの御用機関と堕した共産主義インターナショナルから独立した真に国際的組織の必要性こそ、「もっとも反動的な小市民的《プチ・ブル》偏見」に染まったヴェイユやその同志たちの主張であったことには、ついぞ言及しなかった。

ヴェイユの「展望」は悲観的でも敗北主義的でもない。もとより状況は楽観を許さない。ドイツやロシアの現状をかんがみるにプロレタリア革命はもはや幻想にすぎず、この不況下では労働者の抑圧の軽減など望めまい。これは敵前逃亡にひとしい敗北主義なのか、小市民的心性への先祖返りなのか。しかしヴェイユはこの手の思惑にみちた「参謀本部《エタ・マジョール》的語彙」は「兵卒にとっては意味をもたない」と一蹴する。勝算にこだわるのは参謀本部（党や組合幹部）の悪弊であって、前線で戦う兵卒にとって重要なのは闘うべきかいなかを知ることだ。

ひとたび闘いを決意するならば、ほとんど根拠なしとされた希望でさえ、行動の次元において堅持するのはさほど困難ではない。勇気とは、決意にもとづく実行の別名だ。「〔困難や障碍を〕理論的に解明する責務」と「実効性ある闘争が提起する諸責務」、このふたつの責務を同時にひきうける、これこそヴェイユが工場就労のなかで到達しようとした境地であった。

II　労働者とともに闘う

トロツキーとの論戦で勇名をはせる二年まえの一九三一年、ヴェイユはフランス中部の地方都市ル・ピュイの女子高等中学《リセ》に赴任する。「港湾都市（できればル・アーブル）か北部ないし中央部の工業都市」への赴任の希望は叶えられなかった。大学当局としては、高等師範学校でも不穏な言動でつとに悪名を轟かせていた学生を、そんな物騒な（労働組合運動の盛んな）産業都市に任命する気はさらさらなかった。かくて、人口二万たらず、なだらかな丘に囲まれた赤い屋根の家並みの美しい、中世以来の巡礼の街が、ヴェイユの最初の赴任地となる。

担当は最上級学年の哲学級だったが、下級生向けの芸術史やギリシア語の講義もした。学期途中から病欠の教員に代わってラテン語も教えた。当時の女子高等中学では男子高等中学と比べて、一般に古典語のカリキュラムが充分ではなく、大学入学資格試験《バカロレア》を準備するには不利だった。ヴェイユの哲学講義の構成はかなり独特で、試験向きの網羅的なカリキュラムとはいえなかったが、一五名ほどの生徒たちは新任の哲学教授の熱意と博識に心酔した。第四学年（一四歳程度）のギリシア語級の生徒たちは、少女らしい真摯さで新任の教授を愛した。

ともあれヴェイユを「左翼の不毛地帯」へと追放した当局の思惑は、たちまちみごとに裏切られた。ついにはパリの諷刺雑誌『ル・シャリヴァリ』まで巻きこむ大騒動となる「ル・ピュイ事件」のせいで。もっとも、「事件」とはいっても他愛のない騒ぎだ。首都圏なら囲み記事にもならなかったろう。地方都市ル・ピュイにも不況の波は押しよせていた。失業者たちが市長の約束した賃上げの実施を求め、市庁舎にむかって暴力騒ぎもシュプレヒコールもない平和な行進をおこなったのだ。ヴェイユは労働者を煽動したのでも、しゃしゃり出て代弁したのでもない。ただ同行したにすぎない。

失業者のあふれる当時としてはふつうの陳情である。苛酷な砕石作業の日当（出来高払いでせいぜい六フラン）をせめて一五フランにという当然すぎる要求を批判するのは、さすがに憚られる。他方、一度は認めた賃上げを反古にしたい市長を批判することもできない。とはいえ、小さな街を騒然とさせたできごとに決着をつけるには、「戦犯」を挙げねばならない。そこでル・ピュイの保守派の新聞各紙は、着任まもない女性教授を「貧しい世界の悲惨を食いものにする、腐植土から芽をだすキノコ」「モスクワの廻し者」と呼んで、思いきり叩いた。ついにはヴェイユのユダヤ出自をあげつらい、「フランス人の娘たちを毒する者」「レヴィ族〔ユダヤ人〕のアカの乙女」などと、あからさまな人種差別的言辞さえ行使した。

ほかにも非難の種は尽きない。砕石場がたまたま女子高等中学校前の広場だったので、ヴェイユは作業中の労働者と握手をした。仕事を終えた労働者数人とカフェで葡萄酒を飲むこともあった。ところが、こうした行動は当時の小都市では、公序良俗に反する規範の逸脱だと判断された。いまだ階級観念が根づよく残っていた時代だ。ブルジョワ階級とプロレタリア階級とはべつの世界に生きている。すくなくとも権力中枢に近い人びとはそう思っていた。

フランス最高学府のひとつで知的選良《エリート》養成所たる高等師範学校卒で、哲学の大学教授資格《アグレガシオン》を有する若い女性は、首都圏でも数えるほどしかいなかった。一七九四年の革命期に創立された高等師範学校だが、ようやく女子生徒の受験が認められたのは、ヴェイユ入学の前年度にすぎない。「若い女性の哲学教授」、それだけでル・ピュイではすでにちょっとした「事件」だったのだ。哲学教授は国立の高等中学および大学の教授資格がある国家公務員で、地方公務員である中等教育の教師とは呼称も待遇も異なる。二二歳のヴェイユの一挙手一投足が必要以上に耳目をあつめたのも無理はない。「失職の不安もなく月末には分厚い給与袋を手にする国家公務員」と書きたてた記者は、教授資格者の待遇には詳しかったようだが、ヴェイユが自分のためには小学校教員の初任給（月給六百フラン）分しか使わず、残りを失業者や亡命者の基金に寄付していたことを知る由もなかった。

ヴェイユ自身は周囲の騒音に頓着しなかった。関心はべつなところにあった。ル・ピュイから汽車で二時間ほどの距離に、活発な労働組合《サンディカ》を擁する産業都市サン＝テティエンヌがある。ヴェイユは週末ごとにこの街に通い、当地の革命的労働組合主義者との絆をつよめた。いずれも左翼非主流派（トロツキー派）と総称される人びとで、当時の左翼主流派（スターリン派）とは一線を画する、無政府主義者《アナキスト》、労働委組合主義者《サンディカリスト》、共産党離脱者などから構成される少数派である。モスクワの指令に右往左往し、傘下に失業者をかきあつめることしか能がないフランス共産党には、なんの期待もいだいていなかったのだ。

数年後、工場就労への道を開いてくれたのが、この時期に知遇を得たボリス・スヴァーリンだった。スヴァーリンはフランス共産党創立者のひとりであるだけでなく、かつては「共産主義インターナショナル」（「第三インターナショナル」「コミンテルン」とも）の成員でもあった。だが、スターリン政権下で孤立無援のトロツキー支持を表明して党を除名され、さらには「共産主義インターナショナル」の是非をめぐってトロツキーとも袂を分かつ。「おれはレーニンやトロツキーとはちがって、たんなる政治の専門家じゃない、労働者だったんだ、一三歳から働いていたのさ」が口癖のスヴァーリンを、ヴェイユは信頼していた。だから、工場就労のあいだ毎日のようにスヴァーリンに手紙を書きつづけた。

この生まれながらの労働者に出逢い、文字どおり「技術が身に付いている」さまに感銘をうけ、労働者にとってほんとうに必要な教育はなにかを考えた。ひとを教え諭すのが好きだからではない。ひとが善く生きるのを援けたい、そのために自分はなにができるかとつねに問うているという意味で、ヴェイユは生まれながらの教師だった。

「学習委員会の余白に」（一九三一年）でヴェイユは「知は力なり」の意味を問う。「事物をあやつる人びとより言葉をあやつる人びとが優位を占めるという状況」、ついで「総体として、祭祀または知識人と言った言葉の組立にたずさわる人間が、つねに支配者の側、つまり生産者に対立する搾取者の側に立ってきたこと」を認めねばならない。さらには一九世紀末の民衆大学が露呈した労働者教育のイデオロギー性を反省せねばならない。だからといって「ブルジョワ階級に属するとされる文化への軽蔑も」、労働者の解放はのぞめない。むしろ求められるのは、言葉を駆使する能力をわがものとし、「理論的知識と労働とをつなぐ内的な関係性」を理解し、ついには知的労働と肉体労働とを隔てる障壁をうちこわすことだ。そのとき労働者にとって、洗練された言葉はもはや意味の窺いしれぬ呪文ではなく、複雑な機械もまたもはや得体のしれぬ怪物ではなく、思考に奉仕するたんなる道具たる本来の位置に落ちつく。

ドイツから帰国したヴェイユは、あらたな目的をさがしはじめる。国家社会主義と共産主義のイデオロギーに侵蝕されたドイツの労働者におけるプロレタリア革命の実現が期待できない以上、「プロレタリア革命」という合言葉は「民衆のあらたな阿片」になりさがってしまった。プロレタリア革命の成就のうちに、特権階級へのルサンチマンの発散、秩序転覆そのもののプロセスにおいて味わえる酩酊、反資本主義的な見返りなき快楽をもとめていたわけではないヴェイユにとって、革命は目的ではなかった。

そこで労働そのものに、働きかたそのものの考察と改革に本格的に取り組みはじめる。工場の主役である機械のためにしつらえられた空間は、人間にとっては単調でよそよそしい物理的環境である。そんな異郷にいわば不法滞在の異邦人として身をおき、たいていは傲慢で無慈悲な、よくて無頓着でいい加減な上司の気まぐれにふりまわされる。どうすれば労働者がみずからの尊厳をそこなわずに働けるのか。

はたしてそんなことは可能なのか。

マルクス主義批判と抑圧の分析にかんする理論的考察は、前年脱稿した初期の代表作『自由と社会的抑圧』（一九三四年）でほぼ完成の域に達するまで研ぎすませていた。だから、工場でどのような事態が自分を待ちうけているのか、自分がどのような結論に帰着するのか、おおかたの予想はついていた。それでも実行に移さずにはいられなかった。

Ⅲ　工場のなかで考える

かつて一七歳のヴェイユは「自由をめぐる断片」のなかで、スピノザの語彙を借りて、ただし多分にデカルト的なニュアンスを込めつつ、自身の実在様態を三層に分けた。一、思考する主体たる存在《エートル》。二、触発による変様《アフェクティオ》をこうむる実存《エグジスタンス》。三、この相反するふたつの様態をつなぐ第三の様態。第一の層において、わたしは思考《コギト》であるがゆえに、神のごとく自由であり、唯一無二の存在である。第二の層において、わたしは物体《コルプス》であるがゆえに、必然の法則に服し、限定的な因果連関に囲いこまれた有限な実在である。第三の層において、わたしは外界の存在を思考する、すなわち「わたしの自由で培養する」瞬間にかぎって、それらの存在にその実在性を附与する。

この時点ですでに、労働の問題は知覚や時間にかかわる哲学的な主題であるだけでなく、外界の実在性をとらえるには不可避かつ最良の契機であると考えていたことが看てとれる。だからこそヴェイユの生涯は労働をめぐる考察についやされた。労働において人間の自由と世界の必然とが出逢い、このときはじめて人間は、思考《コギト》であると同時に物体《コルプス》でもある存在様態に達する。マルクス主義への関心も、労働組合運動《サンディカリスム》への関与も、工場就労への意欲も、ナチス政権下のドイツへの旅も、『自由と社会的抑圧』の執筆も、さらには晩年の主著『根をもつこと』の執筆さえも、それぞれを単独で考察するのではなく、すべてを相互に関連させつつ、この脈絡のなかで読みとくべきだろう。

労働を介する実在との遭遇をはじめて意識したのは、いつごろなのか。工場就労前後の手紙に記したヴェイユの言を信じるなら、一九三四年の工場就労は、「アンリ四世校の椅子に坐っていた時期にさかのぼる数年来の夢」であり「すくなくとも一〇年近くまえから実現を夢みていた計画」であった。工場で働きはじめるのが二五歳だから、ざっと計算すると高等中学《リセ》時代にはすでに計画していたわけだ。あらためてこの決意を実行に移そうとしたのは高等師範学校の卒業時だったが、一九三一年はフランス産業界も大恐慌のまったただなかで、経験も技倆も体力もないヴェイユに工場の門戸は閉ざされていた。一九三四年になっても、アルストン工場に未熟練女工として雇われるには、知己を得たアルストン社取締役の口利きが必要だった（その後、アルストン社発行の就労証明書を手にいれたヴェイユは、伝手《つて》に頼らず就職探しに奔走し、門前払いや面接落ちを何度も経験したあげく、自力でルノー工場に職を得ることになる）。

一九三四年六月、ついに計画を実行する決意を固めたヴェイユは、大学教授資格者《アグレジェ》の任命権を有する国民教育省の大学部局に、「個人的研究のための休暇」を願いでた。「重工業の基礎である現代技術とわれわれの文明の基本的諸相との関係、すなわち一方ではわれわれの社会組織、他方ではわれわれの文化との関係にかんする哲学の学位論文を準備したいと考えています」。工場就労への具体的な言及はないが、ヴェイユの意図はあきらかだ。現代技術が労働にいかなる影響をおよぼしたか、将来的にいかなる影響をおよぼしうるかについて、すくなくとも理論的な分析や予測はできていた。『自由と社会的抑圧』はその結実といってよい。残るは理論の真贋をみきわめる実地検証である。

アルストン工場はその第一歩だった。未熟練女工として働きはじめて三か月余、工場での体験にふれた手紙がある。名宛人はかつてのギリシア語級の生徒シモーヌ・ジベールだ。ヴェイユはこの優秀だがやや神経の細い生徒を気遣っていた。たとえば工場就労による「実在的《レアル》な生との接触」を熱心に語った直後に、「ですが、ここできっぱりいっておきます——万が一、あなたが自分の人生をおなじ方向に進めたいなどと思いつかぬように——工場で働くようになって得た幸せがどれほどのものであるにせよ、それでもやはり工場で働かずにすむのなら、そのほうがずっと幸せだろうと」。これは影響をこうむりやすい若者への警告である。だが、ヴェイユの本音でもあった。好きこのんで苦しい状況に身を投ずる者はいない。もしも選択の余地があるなら、つまりあの時代にあの状況下において工場で働かずにすむのなら、「そのほうがずっと幸せ」なのだとわかっていた。それでもヴェイユは工場就労を「選択」した。それが必然的な帰結だったからだ。ヴェイユはジベールにこう書いた。

もう何年まえともいえない以前からこれ〔工場就労〕の実現を願ってきましたが、いまになってようやく実現にこぎつけたことを悔やんではいはません。なぜなら、いまこそようやく、この経験に含まれる利益をすべて引きだせる状態にたどりついたからです。とりわけ、抽象の世界を抜けだし、実在《レアリテ》をそなえた人間たちのただなかにいるという感覚をいだいています。善いひとも悪いひともいますが、いずれも本物の善さと悪さです。

「シモーヌ・ジベールへの手紙」（一九三四年）

年来の希望を実現するのに三年以上かかったのも、結果的にはかえってよかった、とヴェイユが考えているのはあきらかだ。じっさいその三年のあいだに「ル・ピュイ事件」によって現実世界の一端にふれ、渾身の力作「自由と社会的抑圧」を完成させ、ヒトラー政権下のドイツにおける労働組合の現状を観察し、共産主義インターナショナルの除名者や脱退者を介してロシアの革命政府の動向をつぶさに研究した。たしかに無為にすごされた三年とはいえない。

工場で働きはじめて二か月のヴェイユは、自身も労働者として組合運動にたずさわるアルベルティーヌ・テヴノンに長い手紙を書いた。「ボリシェヴィキのお偉方ときたら、自由な労働者階級とやらを創設するのだと息巻いているけれど、彼らのだれひとりとして――トロツキーは確実に、レーニンもたぶん――工場に一歩も足をふみいれたことがなく、つまりは労働者の隷属または自由を規定する現実の諸条件についてはこれっぽっちも理解していないのだと思うとき、政治なんてとんでもない悪ふざけにしかみえなくなる」。口調は軽いが、ヴェイユの自負がうかがえる。

一九三四年十二月四日から一九三五年八月九日まで、シモーヌ・ヴェイユは新米の未熟練女工として、二度の失職と求職活動を挟んで、断続的に三か所の工場で働いた。前出のボリス・スヴァーリンの紹介で仕事を得た車輌製造のアルストン工場が最初である。ここではさまざまな種類のプレス機の操作法を学ぶ。手で操作するボタン式、足でふんで操作するペダル式、両手操作のピアノなど。作業の大半はプレス機を使った金属加工だが、たいていは時間賃率（最低賃金から仕損じや超過時間の分が引かれる）で賃金が支払われる。ヴェイユは各作業の時間賃率を参照し、こまめに賃金を算出し、記録している。注文票に記された「達成率」を下回るとその作業を〈流す〉ことになり、支払は時間賃率に記された数値よりも悪くなる。もちろん「仕損じた」部品は数に入らない。べつに時給仕事もあり、こちらは仕上げた部品数に関係なく時給で支払われる。つぎにカルノー工場の鉄工所で働くが、労働者の監督にあたる職制の質が悪く、アルストンにはるかに及ばない職場環境だった。約一か月後、理由も告げられずに首になる。最後のルノー工場では、フライス刃で金属部品を加工する作業に従事した。

もともとヴェイユは手先が器用ではなく、頑健な身体でもない。しかも烈しい頭痛につねに悩まされていた。慣れない作業を時間に追われて必死にこなしつつ、四六時中、職制や調整工の気まぐれで往々にして非合理な指示や罵倒にさらされる生活が、自分の頭で思考し、思考にもとづき決意を固め、決意を行動に移し、行動の責任をとることを自身に義務づけてきたヴェイユにとって、どれほど堪えがたい状況であったかは容易に想像がつく。後日、ヴェイユは断定する。労働者の心身を深く傷つけ、労働を頽廃させる主たる要因は、労働そのものに付随する物理的な苛酷さや困難さではない。労働の尊厳を修復しがたくそこなうのは、労働効率にとっても無意味で有害とさえ思える人為的な悪意や不条理な悪弊なのだと。

工場で遭遇したさまざまな現実は、理論上はあらかじめ想定した域をこえておらず、その多くがある意味で追認されたといってもよい。しかし生身の人間として経験した衝撃の深刻さは、外部から見積もった想定をはるかにこえていた。最大の誘惑は思考停止だ。そのことをヴェイユは工場でいやというほど思い知った。

工場就労があれほどつらかったのは、ヴェイユの身体的な弱さや不器用さのせいだけではない。考えることが息をすることとおなじほど自然な人間にとって、なにも考えられない、なにかを考えるのが苦痛だというのは異常である。ところが仕事を始めて一か月もたたぬうちに、ヴェイユはつぎのような感慨をいだくにいたる。

あまりに疲れはて、自分が工場にいるほんとうの理由を忘れてしまい、こうした生がもたらす最大の誘惑に、もはやなにも考えないという誘惑に、ほとんど抗えなくなる。それだけが苦しまずにすむ、たったひとつの手立てなのだ。かろうじて土曜の午後と日曜に、記憶や思考の切れ端がもどってきて、このわたしもまた、考える存在だったのだと思いだす。自分がいかに外的状況に左右されるかを思い知るとき、戦慄を禁じえない。あれやこれやの状況ゆえに、週末の休みもなく労働を強いられるや、それだけでおしまいだ。

『工場日記』四五頁

なまじ休日があると、もとの仕事にもどるのがつらくなる。日曜日の二四時間は自由を満喫し、自分もまた考える存在だったことを思いだす。なのに「隷属的な状況にふたたび身をかがめねばならぬという感覚。嫌悪。たかが56サンチームのために、必死になり、疲れはてる。それも、仕事が遅いとか仕損じたとかで、口汚く罵倒されるのが確実だとわかっていて……。この嫌悪は、両親の家で夕食をとったせいで、ますます強まった――奴隷の感覚――」(一六頁)。

まともに人間として扱われない工場と、愛情をそそいで育ててくれた両親の家、その極端な対照が「隷属的な状況」と「奴隷の感覚」を心に深く刻みこむ。こうした感受性は極端にすぎる、ヴェイユに固有のものであって一般化はできない、との反論もあろう。だれにでも共感できる体験ではないかもしれない。それでも、「工場日記」やこれにつづく種々の論考が、ヴェイユの思考と行動と感情との真摯な記録であり成果であるとの価値をそこなうものではない。

おなじくヴェイユにとっては、なまじ思考が第二の本性であるからこそ、思考がゆるされぬ状況が堪えがたく感じられる。シモーヌ・ジベールへの手紙にこうも書いていた。工場のなかで「自分がいま生きている状況をのりこえて思考を高めるには、奇蹟ともいうべき努力が求められます。工場と大学では事情が異なります。大学では考えるために、すくなくとも考える振りをするために給与が支払われますが、工場では考えさせないために支払われているようなのです」。だからこそ工場のなかで考えることを肝に銘じたのだった。

思考の自由が奪われるや、必然的に、行動の自由も大きく制限される。体力も気力もあって、さっさと作業を進めたくとも、機械が不調であればお手上げだ。たいていは横柄な対応をする調整工を呼びにいき、修理や調整が終わるのを待っていなければならない。しかも出来高制だから、待ち時間は一文にもならない。調整工がすぐ来てくれるとはかぎらない。自分で機械の調整はできず、他人の虫の居所に左右される、なさけなさ。機械の操作法はわかっていても、機械の仕組《メカニスム》が理解できない。これでは機械のたんなる付属品であって、主体的に機械を操作しているとはいえない。

やがてヴェイユは、この「なさけなさ」が未熟練女工の専売特許ではないことを知る。たとえば、人手不足の折には調整工役もつとめる工員のジャコ。あるときヴェイユが操作していた機械が不具合をきたす。調整工だったジャコを呼ぶ。ジャコが機械をいじり、とりあえず機械は作動する。だが、まもなく動かなくなる。通りがかりのべつの調整工が原因を指摘する。その通りだったが、ほかにも不具合がありそうだ。しかしジャコにはその原因がわからない。

動かないプレス機とジャコ。ジャコにとって、このプレス機はあきらかに神秘であり、作動を妨げる原因もまた神秘である。いまだ知られざる要因としてのみならず、いうならば、即自的に、それじたいとして神秘なのだ。とにかく動かない……。機械が拒否しているかのごとく。

『工場日記』一七二頁

機械に翻弄されるジャコやその他の調整工たちの対極にあるのが、アルストン社の倉庫係のプロメイラや労働組合運動の仲間のロベール・ギエヌフだ。両人に共通するのは、基本的な数学や工学の知識があり、方法論に裏打ちされた技術を有する熟練労働者であることだ。この範疇に属する労働者とは、「賃金を得てはいるが、機械に奉仕するたんなる生きた歯車ではなく、道具をあやつる職人と同種の自由と創意と知性とで機械をあやつって仕事をこなす人びと」(「展望」)をさす。ヴェイユは、そのつど必要な工具を「手当りしだいに捜しだしてきた旋盤工」と、「さっさと仕事にかかる」ギエヌフとを比較する。迷信じみた敬意をもって機械に接し、うまく作動しない機械を眺めて呆然とする工員と、微分法そのものを使わずとも、素材の抵抗を調べるのに微分式を適用するすべを知っている技師(一七二頁)。知識と連関した技術が一方にあって他方にはない。これが両者を隔てる深い淵だ。

であるなら、労働者の自己陶冶こそが隷属性をぬぐいさる方策となるのではないか。さらに自己陶冶の機会と可能性を実現するには、労働者に固有の感性に合わせた教育カリキュラムが必要となろう。そのひとつの試みが、ある工場内会報のために翻案された『アンティゴネー』や『エレクトラ』である(『ギリシアの泉』所収)。ソフォクレスやホメロスの主人公たちは、恋情や名誉心の葛藤に翻弄されるラシーヌやコルネイユの主人公たちと異なり、生々しい窮乏や迫害や屈辱に堪えつつ孤独のなかで闘う人びとだ。だからこそ彼らは労働者の真の友となりうる、とヴェイユは考えた。工場就労とその記録である「工場日記」は、労働者教育の可能性とその有効な方策を探るための、身を挺した実験であり資料蒐集でもあった。

工場で失ったものはなにか、とヴェイユは自問する。自分にはなんらかの権利がある、という根拠のない幻想だったと。これとひきかえに得たものはなにか。「精神的に自分だけで充足しうる能力、いつ表に現われるとも知れず、いつ終わるとも知れぬ屈辱の状態で生きぬく能力、なおかつ自分自身の眼には屈辱的であると感じずにいられる能力。さらに自由あるいは連帯のはかない一瞬一瞬を、あたかも永遠につづくものであるかのごとく、あますところなく強烈に味わいつくす能力。――すなわち生との剝きだしの接触……」（一五六頁）。かくも高い代価を払って得たこの能力は、一九三〇年代後半から一九四〇年代前半にかけての激動の時代をへて、ヴェイユの精神的地平にあらたな領野をひらくことになる。

Ⅳ　工場の薄闇のその先へ

恒常的な頭痛に苦しみ、身体も丈夫ではない、若い女性が、慣れない肉体労働の現場に飛びこみ、過酷な労働と非人間的な扱いに身も心もボロボロになっていく過程の観察日記と、それでもなお自分は自由な存在だと思おうと苦闘する悲痛な祈りにも似た希求が、たいていは力ない文字で淡々と断片的につづられてゆき、そうかと思うとふいにはてしなく深く沈潜する瞑想の片鱗をのぞかせつつ、その折々の心身の状態をそっくり反映させるかのように叙述された記録、それが「工場日記」である。それだけですでに読者を圧倒する。だが、それ以上のものでもある。この体験を介して、のちにドミニコ会士のペラン師に手紙でうちあけたように、ヴェイユの心身に思いがけぬできごと、まったく異なる次元への移行ともいうべきなにかが生じた。

一九四〇年、ドイツの軍門にくだったパリを去って南下し、非占領地域のマルセイユに居をさだめ、ヴェイユは「雑記帳」に日々の思索を記しはじめる。どんなときも書くことと考えることをやめられないのだ。その「雑記帳」で「二五歳ともなれば」という表現が使われるとき、かならず「若さ」や「青春」との訣別という文脈におかれている。二五歳で工場に入り、人間存在の恒常的な不幸の一形態にふれて、ヴェイユのなかの青春が終わったのだ。高等師範学校時代、試験官にわざと変な解答をして当局の顰蹙と仲間の賞讃を買っていた「アランの秘蔵っ子」、クラスの先陣をきって教授連に悪ふざけを仕掛けた「手に負えない女子生徒」はもういない。ヴェイユが青春の分水嶺とみなす「二五歳」のとき、すなわち工場就労のまっただなかで身に帯びたこの変様とは、ある種の若さ、無邪気さ、屈託のない快活さの喪失と総称できるなにかであった。

最後に、マルセイユからニューヨークに出帆する直前に、ペラン師にあてた「霊的自叙伝」と呼ばれる有名な手紙の一節を、すこし長くなるが引用したい。大西洋を横断する危険な航海をまえに、おそらく遺書のつもりで託したのだろう。文面によればヴェイユにとって「真に重要であったカトリシズムとの接触」は三回あった。

工場ですごした一年のあと、ふたたび教職につくまえに、両親はわたしをポルトガルへ連れていきました。わたしは両親と別れて、ひとりで小さな村に入っていきました。わたしは身も心もぼろぼろのありさまでした。不幸とのこの接触はわたしの若さを殺してしまいました。それまで不幸の経験といえば自分自身のものしかなく、それは自分の不幸でしたから、さして重要なものとは思えませんでした。それさえも生物学的なもので社会的なものではなかったので、半－不幸にすぎませんでした。

世界には多くの不幸があることを知っており、そのことが頭から離れませんでしたが、長期にわたる接触をつうじて不幸を確認したことはなかったのです。工場にとどまり、だれの眼にも、自分の眼にも、無名の大衆といっしょくたになっているうちに、他の人びとの不幸がわたしの肉と魂に入りこんできました。わたしと不幸を隔てるものは皆無でした。わたしはほんとうに自分の過去を忘れさり、どんな未来も期待していませんでした。当時の疲労をのりこえて、なお生きのびられようとはとうてい思えなかったからです。工場でこうむったものは、わたしにいつまでも消えない印を刻みつけたので、いまでも、相手がだれにせよ、どういう状況にせよ、だれかに横柄でない態度で話しかけられると、それはなにかのまちがいであり、そのまちがいは残念ながらすぐにも訂正されるだろう、と思わずにはいられません。わたしはあそこで生涯消えることのない奴隷の烙印をうけられたのです。ローマ人がもっとも蔑んだ奴隷の額に熱い鉄で焼きつけたあの烙印のように。以来、わたしはつねに自分を奴隷のひとりとみなしてきました。

このような精神状態で、そして肉体的にもみじめな状態で、これまたみじめなポルトガルの小村に、ちょうど村の守護聖人の祝日にあたる満月の夜、ただひとり足をふみいれたのです。海辺でのできごとです。漁師の妻たちがろうそくを手に、数艘の小舟のまわりを並んで歩きながら、たいそう古いものと思われる聖歌を、胸をかきむしる悲しみをたたえて歌っていました。

そのようすを伝えることはとてもできません。ヴォルガの船曳き歌はべつとして、これほど悲痛な歌を耳にしたことはありません。そのとき、わたしは突如として理解したのです。キリスト教はすぐれて奴隷の宗教であり、奴隷たちはこれを信じずにはいられないこと、そして、わたしもまたそういう奴隷のひとりであることを。

「ペラン師への手紙」(一九四二年五月)

ポルトガルでの「神秘体験」と工場体験とのつながりはあきらかだ。工場就労によって心身に入りこんだ「奴隷」の感覚が、キリスト教は「奴隷」のための宗教だという直観にむすびついたのが、ポルトガルのさびれた漁村においてだったという意味で。工場でのおそろしく陳腐でこのうえなく散文的な「体験」なしには、ポルトガルの海辺での「神秘体験」は生じなかったかもしれない。ヴェイユの青春に幕を引いた体験をつづった「工場日記」が、ヴェイユ晩年の宗教思想へと通じる扉となった。このことをあらためて確認できたのは、訳者にとって思わぬ歓びだった。

*

シモーヌ・ヴェイユ生誕一一〇年の年に、『シモーヌ・ヴェイユ選集』全三巻の第二巻、『シモーヌ・ヴェイユ選集 II 中期論集：労働・革命』(冨原眞弓編訳、みすず書房、二〇一二年、以後、「選集 II」と略記)所収の「工場日記」を単行本化するにあたって、原典の手稿をあらためて検討し、各テクストの位置を訳者の責任で確定し、当時の工場でおこなわれていた作業の具体的な内容・手順・機械や道具の名称等を徹底的に見直した。それらの変更にあわせて訳文にもかなり手を加えた。読みやすさを優先し、訳注は必要最小限にとどめたので、より詳しい訳注・出典等の詳細は『選集Ⅱ』を参照されたい。ここには、引用・参照をおこなった文献の書誌をまとめて挙げるにとどめたい。

シモーヌ・ヴェイユ『カイエ　1』山崎庸一郎・原田佳彦訳、みすず書房、1998年
シモーヌ・ヴェイユ『ギリシアの泉』冨原眞弓訳、みすずライブラリー、みすず書房、1998年
シモーヌ・ヴェイユ『自由と社会的抑圧』冨原眞弓訳、岩波文庫、2005年
シモーヌ・ヴェイユ『労働と人生についての省察』黒木義典・田辺保訳、勁草書房、（新装版）1986年
シモーヌ・ヴェイユ『ロンドン論集とさいごの手紙』田辺保・杉山毅訳、勁草書房、1969年（改装版）2009年
「アランの手紙への返事」「科学とわれわれ」『科学について』福居純・中田光雄訳、みすず書房、1976年所収
「合理化」（山本顕一訳）『シモーヌ・ヴェーユ著作集　1』橋本一明・渡辺一民編訳、春秋社、1968年（新装版）1998年所収
「レオン・ルテリエについて」『シモーヌ・ヴェイユ選集　Ⅰ　初期論集：哲学修行』（みすず書房、2012年）所収
シモーヌ・ペトルマン『詳伝　シモーヌ・ヴェイユ　Ⅰ』杉山毅訳、勁草書房、1978年（新装版2002年）
シモーヌ・ペトルマン『詳伝　シモーヌ・ヴェイユ　Ⅱ』田辺保訳、勁草書房、1978年（新装版2002年）

スピノザ『エチカ　倫理学』上・下、畠中尚志訳、岩波文庫、１９５１年
デカルト『精神指導の規則』野田又夫訳、岩波文庫、１９５０年（改訳版）１９７４年
デカルト『方法序説』谷川多佳子訳、岩波文庫、１９９７年

「ヒッポリュトス」『ギリシア悲劇　Ⅲ　エウリピデス（上）』松平千秋訳、ちくま文庫、１９８６年
ホメーロス『イーリアス』上・下、呉茂一訳、岩波文庫、１９５３年・１９５８年
ラシーヌ『フェードル　アンドロマック』渡辺守章訳、岩波文庫、１９９３年

ジャン＝クリスチャン・プティフィス『フランスの右翼』池部雅英訳、文庫クセジュ、白水社、１９７５年
リュック・ブノワ『フランス巡歴の職人たち』加藤節子訳、文庫クセジュ、白水社、１９７９年
ジョルジュ・ルフラン『フランス労働組合運動史』谷川稔訳、文庫クセジュ、白水社、１９７４年
アントワーヌ・レオン『フランス教育史』池端次郎訳、文庫クセジュ、白水社、１９６９年
トロツキー『わが人生　上』森田成也訳、岩波文庫、２０００年

＊
＊

まず、國學院大學教育開発推進機構助教（フランス哲学）の佐藤紀子氏に感謝を申しあげたい。これまでもシモーヌ・ヴェイユの著作の翻訳にあたって、索引作成、出典調査、訳語対照表の作成、訳文の読み合わせ、入手困難な資料の現地調査など、佐藤氏にはつねに協力を仰いできた。とくに今回の訳文と訳註の見直しにあたっては、氏が一九三〇年代のパリ市内や近郊の組立工場における作業の詳細、機械や道具の仕組、製造部位の用途など、ひとつひとつ調査し確定してくださった。おかげで、『シモーヌ・ヴェイユ選集　Ⅱ』所収の「工場日記」には散見する訳者の思いこみや勘違いはかなり正されたと思う。佐藤氏には本書の解説もお願いした。

作業の手順や使用道具が明確にわかる。これは些細なことではない。ヴェイユの従事していた仕事がけっして「単純」労働でも「流れ」作業でもなかったことがわかるからだ。ヴェイユも絶讃したチャップリンの『モダン・タイムス』（一九三六年）の影響で、一九三〇年代の工場労働というと短絡的に、労働者が同一の単純作業を延々とおこなうベルトコンベア式流れ作業を連想していた、自分の不明を恥じたのだった。

ヴェイユがじっさいにおこなっていた作業は、もっとも単純なネジ廻しや穴あけでさえ、毎回、ネジの大きさや種類がちがい、穴あけの位置や数がちがう。もちろん素材もちがう。だから毎回のように作業に応じて機械を組立直すために組立工が、その機械を微調整するために調整工が必要になる。機械の知識や技能のないたんなる（男女の）工員は、いばるだけの無能なホワイトカラーの上司の気まぐれや横柄さ以上に、依存度がはるかに日常的な組立工や調整工の気分や能力に振りまわされることになる。「おいしい仕事」がほかの女工に割りあてられたといっては悔しがり、「ひどい仕事」が自分に割りあてられないかと戦々恐々の女工たち。おなじ未熟練でも歴然と存在する賃金と待遇の男女差。工場内の人間関係は単純ではない。抑圧された者どうしのつまらない鞘当ては、ときに作業の難儀さや失敗そのものの以上に、ヴェイユを困惑させ打ちのめした。

もっと複雑な作業もしていたようだ。おそらく当時としては先端技術にかかわる作業だったらしい。門外漢の訳者には「おそらく」とか「らしい」とか以上のことはいえない。それでも、ヴェイユが工場での体験のなかに、ひたすら歯を喰いしばって身体的消耗に堪え、上司やときには同僚からの心ない言動に堪えるすべだけでなく、自分の頭だけでなく身体のすべてを動員して最先端の技術を理解するという稀有な機会も含まれていたと知って、なんだかうれしくなった。

最後に、みすず書房編集部の成相雅子氏にお礼を申しあげたい。これまで何度もいっしょに仕事をしてきたが、つねに絶妙のタイミングで訳者を叱咤激励する達人である。今回も成相氏への心からの感謝をここに記しておきたい。

この「工場日記」は訳者・解説者・編集者からなる三人のチームがつくりあげた本である。だれひとり欠けても本書は完成しなかった。今回のチームの総合的な工夫が奏功して、本書がより多くの読者の手にとどくなら、わたしたち三人にとってこれほどうれしいことはない。

二〇一九年六月

冨原眞弓

著者略歴

(Simone Weil, 1909-1943)

フランスの思想家．パリのユダヤ系中流家庭に生まれる．アンリ四世校でアランに師事し，パリ高等師範学校を卒業後，哲学教師として各地のリセで教鞭を執る．1934-35年，未熟練女工として工場で働き，労働者の不幸を体験．1936年，義勇軍兵士としてスペイン内戦に参加する．1940年，ナチスのパリ占拠後マルセイユに移住し，古代ギリシア思想，キリスト教，カタリ派，道教，インドやエジプトなどの諸宗教，世界各地の民間伝承について思索した．1942年5月，両親とともに兄アンドレの待つニューヨークに亡命．11月，単身ロンドンに赴き，自由フランス軍の対独レジスタンス運動に加わる．1943年，ロンドン郊外のサナトリウムで死去．死後，アルベール・カミュによって12冊の著作がガリマール社のエスポワール選書から出版された．1988年より，同社『シモーヌ・ヴェーユ全集』全16巻刊行中．

訳者略歴

冨原眞弓〈とみはら・まゆみ〉 1954年生．哲学博士（パリ・ソルボンヌ大学大学院）．著書に『シモーヌ・ヴェイユ　力の寓話』（青土社，2000），『シモーヌ・ヴェイユ』（岩波書店，2002），『トーヴェ・ヤンソンとガルムの世界』（青土社，2009）ほか．編訳書にヴェイユ『カイエ３』『カイエ４』『ギリシアの泉』『ヴェイユの言葉』『シモーヌ・ヴェイユ選集』（全３巻）（以上，みすず書房，1992，1995，1998，2003，2012-2013），『自由と社会的抑圧』『根をもつこと』（上・下）『重力と恩寵』（以上，岩波文庫，2005，2010，2017），ヤンソン『トーベ・ヤンソン・コレクション』（全８巻）『島暮らしの記録』『旅のスケッチ』（以上，筑摩書房，1995-1998，1999，2014）ほか．

解説者略歴

佐藤紀子〈さとう・のりこ〉 1973年生．聖心女子大学大学院人文学専攻博士後期課程修了．文学博士．現在　國學院大學教育開発推進機構助教（フランス哲学）。訳書　アーレント『反ユダヤ主義――ユダヤ論集　1』（共訳，みすず書房，2013）．

シモーヌ・ヴェイユ

工場日記

冨原真弓訳

2019年 7月 1日　第1刷発行

発行所 株式会社 みすず書房
〒113-0033 東京都文京区本郷2丁目20-7
電話 03-3814-0131(営業) 03-3815-9181(編集)
www.msz.co.jp

本文組版 プログレス
本文印刷・製本所 中央精版印刷
扉・表紙・カバー印刷所 リヒトプランニング

ISBN 978-4-622-08817-2
[こうじょうにっき]